GUSTAVE FLAUBERT

LOUIS BERTRAND

Gustave Flaubert

AVEC DES FRAGMENTS INÉDITS

Édition nouvelle, revue et corrigée

PARIS

SOCIÉTÉ D'ÉDITIONS LITTÉRAIRES & ARTISTIQUES

LIBRAIRIE OLLENDORFF

50, CHAUSSÉE D'ANTIN

AVANT-PROPOS

L'œuvre de Flaubert, telle qu'elle était connue du public jusqu'à ces dernières années, a été l'objet d'importantes études qui ont à peu près épuisé la matière. Sur le réaliste et le pessimiste que fut l'auteur de Madame Bovary, *Ferdinand Brunetière, Paul Bourget, Émile Faguet ont formulé des jugements qu'il n'y a plus guère qu'à développer ou à discuter sur des points de détail. Mais il existe un autre Flaubert moins connu : un Flaubert lyrique, romantique, un esthéticien très conscient de ce qu'il exigeait de son art, un voyageur épris de l'Orient et de l'antiquité gréco-latine, un érudit grisé par la poussière des bibliothèques, — voire un bourgeois qui s'échauf- fait à la lecture des journaux, — un Français enfin qui aimait passionnément son pays. C'est ce Flaubert-là que j'ai surtout étudié dans les pages qui vont suivre.*

De récentes et considérables publications d'iné- dits ont abondamment renouvelé le sujet. De son vivant, il n'avait guère donné plus de cinq volu- mes. Et voici que la dernière en date de ses édi- tions complètes (l'édition Conard) en annonce dix-huit. Doit-on se plaindre que l'œuvre primi- tive de Flaubert soit submergée maintenant sous le fatras de ses cartons? Pour ma part, je ne le pense pas. Cette masse énorme d'inédit, sans nuire à son œuvre telle qu'il l'avait conçue, nous a fourni une connaissance plus exacte et plus étendue de l'homme et de l'écrivain. Les critiques ont la manie de juger un auteur d'après ceux de ses livres qui leur plaisent le plus ou qui leur semblent les plus caractéristiques. Ils négligent, ils ne veulent pas voir, ou ne peuvent pas deviner tout le reste. Or, un grand écrivain comme ce- lui-ci dépasse toujours l'idée que la critique peut s'en faire. Son œuvre est un monde. Tout y est. Il a tout dit, ou presque tout. La publication des ébauches ou des notes inédites de Flaubert l'a prouvé une fois de plus.

Désormais, il ne sera plus permis de croire, même au lecteur le plus malveillant, qu'il écrivait péniblement, qu'il n'a jamais connu la joie du travail abondant et facile. Nous savons, au contraire, que sa facilité était extrême : il n'est que de lire, pour s'en convaincre, la première Tentation de saint Antoine et la première Éducation sentimentale. Le jet lyrique, chez lui, était, à l'origine, d'une puissance et d'une largeur merveilleuses. S'il faut le blâmer, c'est d'avoir volontairement contrarié ses dons naturels.

Et il ne sera plus davantage permis de croire qu'il était foncièrement un réaliste, — que Salammbô et la Tentation ne sont que les erreurs d'un romantique impénitent. Le génie de Flaubert, comme celui de Balzac, atteint de lui-même à ces hauteurs où les distinctions entre le réalisme et l'idéalisme ne sont que de vains mots.

Si, aujourd'hui, nous le connaissons mieux, j'oserai dire enfin que j'y suis peut-être pour quelque chose. C'est depuis que j'ai publié la Tentation de saint Antoine (version de 1856) et que j'ai montré l'intérêt littéraire de cette œuvre de jeunesse, que les publications inédites de Flaubert se sont multipliées. Je n'ambitionne nullement les lauriers d'un bon éditeur. Mais j'ai considéré comme une pieuse obligation envers la mémoire de Flaubert de m'occuper de ses papiers. C'était sans doute m'acquitter bien faiblement de tout ce que je lui dois. Je tiens seulement à ce que l'on sache que, dans la mesure où je l'ai pu, j'ai payé ma dette.

L. B.

I

LES MANUSCRITS DE FLAUBERT

La dernière édition complète des œuvres de Flaubert [1] marque certainement un grand progrès sur les précédentes. On peut la considérer comme provisoirement définitive, — définitive jusqu'au jour où les manuscrits originaux seront tombés dans le domaine public.

Flaubert avait une sorte de superstition non seulement pour sa propre écriture, mais pour celle des autres. De même qu'il a conservé une foule de lettres à lui adressées, — et souvent dénuées d'intérêt, — avec la plupart des coupures de journaux concernant ses livres, il n'a rien ou presque rien détruit de ses brouillons et de ses ébauches.

------

1. Édition Louis Conard, Paris, 1910.

Tout cela s'est accumulé en de volumineux cartons. Qui oserait, maintenant, faire ce qu'il n'a pas fait? Qui aurait le courage de brûler une ligne de Flaubert? Puisque ces brouillons subsistent et subsisteront, sauf accident, — puisqu'ils seront déposés à la Bibliothèque Nationale, il est fatal que tôt ou tard les commentateurs et les critiques de textes se mettent à remuer ces vieux papiers, et que les éditions complètes de l'avenir se grossissent d'un fort supplément.

En ce qui concerne les œuvres que Flaubert a publiées de son vivant et dont il a revu le texte, il est clair que ce texte est intangible. Dans les éditions récentes, il y a bien, çà et là, quelques coquilles, mais il sera facile de les corriger, en se reportant soit à l'édition princeps, soit aux manuscrits copiés de sa main.

A ce propos, il n'est pas inutile de savoir comment il procédait lui-même pour la revision de ses manuscrits.

Voici, par exemple, celui de *Salammbô*. Il se compose de 340 pages en papier fort et de grand format. Le carton qui lui sert de couverture porte les dates suivantes : « Septembre 1857-avril 1862. » Notons que les titres des chapitres ont été ajoutés après coup, car, dans le manuscrit original, les chapitres sont simplement numérotés.

Comme dans toutes les copies faites par l'auteur, l'écriture est extrêmement lisible, malgré les ratures et les corrections assez fréquentes, qui d'ailleurs sont aussi lisibles que le texte. Un certain nombre de corrections sont aussi indiquées au crayon. Ces différentes corrections s'expliquent, selon moi, de la manière suivante. Flaubert, qui poussait à l'excès la minutie du style, n'était jamais complètement satisfait de la forme de ses phrases. Après l'avoir longuement cherchée à travers une foule d'ébauches, il finissait par en adopter une, qu'il considérait comme la meilleure et qu'il mettait au net. La mise au net une fois terminée, de nouveaux scrupules le prenaient : il corrigeait à l'encre les passages qui ne le satisfaisaient plus. Après quoi, il faisait recopier son manuscrit pour l'impression, car il ne livrait point les originaux de ses romans à l'éditeur. A l'aspect de la copie, ses scrupules recommençaient. Il corrigeait une dernière fois sur cette copie et transportait ses corrections dans la sienne propre. De là ces fréquentes notes au crayon, qu'on trouve dans tous ses manuscrits, soit en marge, soit entre les lignes.

Comme Victor Hugo, il demeura fidèle à la plume d'oie, jusqu'à la fin de ses jours. Les plumes métalliques lui étaient insupportables. Encore n'accordait-il sa confiance qu'aux plumes qu'il avait taillées lui-même. C'était toute une cérémonie, nous dit sa nièce, madame Franklin-Grout. Plusieurs fois par an, on le voyait ceindre un tablier, s'asseoir dans son cabinet de travail, et là, pendant toute une matinée, avec le plus grand sérieux et la plus grande application, il s'évertuait à fendre des plumes d'oies, à les aiguiser et à les polir. A mesure qu'il les avait taillées, il les jetait dans un grand plateau de cuivre qu'il avait rapporté d'Orient. Il exécutait, paraît-il, ce travail avec un véritable recueillement. Tout ce qui touchait à son art avait à ses yeux une signification presque religieuse. Les moindres instruments de son travail étaient, pour lui, comme les ustensiles d'un culte. Aussi cette taille de ses plumes [1], qui revenait à intervalles réguliers, était-elle une opération fort importante, un travail long et difficile, auquel il

---

1. Il écrivait à sa mère : « N'ai-je pas tout ce qu'il y a de plus enviable au monde, l'indépendance, la liberté de ma fantaisie, *mes deux cents plumes taillées*, et l'art de s'en servir ? » *Correspondance*, Ire série, p. 271.

apportait le même souci de perfection qu'à l'agencement d'une phrase, ou à la composition d'un chapitre.

Le plateau de cuivre où s'amoncelaient ces plumes si soigneusement taillées reposait comme un bouclier sur sa table de travail, et il aimait à y puiser d'une main prodigue. Jusque dans ces petites choses se trahit son goût pour le faste. Il lui fallait de grandes feuilles à remplir, un arsenal de plumes, une table massive, pour s'y accouder à l'aise et y répandre le flot de ses ratures.

*
* *

Si nous pouvons nous en rapporter à lui en toute sécurité pour l'exactitude des textes qu'il a revus, les difficultés commencent avec les œuvres ou les publications posthumes.

La correspondance est encore fort incomplète et le texte en est souvent fautif, bien que l'édition Conard l'ait amélioré et enrichi d'un certain nombre de lettres inédites. Pour des raisons de convenances infiniment respectables et devant lesquelles nous ne pouvons que nous incliner, madame Franklin-Grout a dû supprimer beaucoup de passages dans les lettres publiées par elle chez Charpentier. D'ailleurs, madame Grout était loin de posséder toute la correspondance de son oncle. Des lettres inédites surgissent tous les jours. Il est clair que, d'ici longtemps, une édition exacte et complète de la Correspondance de Flaubert ne pourra être établie.

Il en va de même pour les œuvres de jeunesse, comme la première *Tentation de saint Antoine* et la première *Éducation sentimentale*. Les éditeurs se sont avant tout préoccupés de donner au public un texte facile à lire. C'est ce que j'ai essayé de faire moi-même pour la version de *la Tentation*, celle de 1856, que j'ai publiée en 1908. Bien que j'y aie apporté tous mes soins, il est certain qu'une philologie scrupuleuse y trouverait encore à reprendre. Les mêmes restrictions s'imposent pour la version de 1849 éditée par Conard. Cette édition, exécutée d'après une copie très soigneuse, a dû cependant éliminer un certain nombre de variantes, qui eussent retardé la marche du développement, et aussi quelques passages difficiles à déchiffrer ou à débrouiller. Néanmoins, on peut être sûr que, *littérairement*, les corrections ou les adjonctions des éditeurs futurs ne modifieront pas sensiblement la physionomie de ces deux textes tels que nous les avons établis.

Après cela, restent les notes de voyages, celles que Flaubert a recopiées lui-même sur de grandes feuilles, ou celles qu'il a écrites au crayon dans ses carnets. (Beaucoup de ces notes au crayon ont été repassées à l'encre.) Puis, les notes littéraires, les pensées détachées, les scénarios de pièces de théâtre, les plans de romans. Cette dernière partie est, de beaucoup, la plus intéressante.

Enfin, il y a la masse énorme des brouillons. N'en doutons point : ces brouillons seront triés, classés et publiés un jour. Flaubert, sans doute, en eût frémi, lui qui, à l'exemple des grands classiques de l'antiquité, aurait voulu ne laisser qu'un nom et une œuvre. Mais la religion, ou la superstition, des modernes ne se contente pas d'admirer l'édifice, elle veut encore en sonder les substructions. Les débris mêmes de l'échafaudage l'intéressent. On publiera donc les brouillons de Flaubert. On voudra descendre avec lui dans l'atelier secret, où il a forgé, limé et poli ses belles phrases.

II

L'ESTHÉTIQUE DE FLAUBERT

Que Flaubert ait eu une esthétique, sinon très arrêtée et très cohérente dans ses formules, du moins très vigoureusement caractérisée dans ses tendances, c'est ce que personne, je pense, ne contestera. Cette esthétique, il l'a exprimée en mille endroits de sa correspondance, — particulièrement dans ses lettres à Louise Colet et à George Sand, — et aussi dans maints chapitres de la première *Éducation sentimentale*. Toute la fin de cette œuvre de jeunesse peut être considérée comme un véritable poème de la vie intellectuelle.

Sans doute, on peut soutenir que les poétiques des poètes et les théories d'art des romanciers sont faites pour être démenties par leurs auteurs. Cependant, par une exception digne de remarque, il est arrivé que Flaubert n'a pas trop démenti les siennes. Est-il besoin d'ajouter qu'elles ne forment pas un ensemble d'une logique rigoureuse, qu'on n'y trouve point l'enchaînement et la solidité dogmatique d'un Taine? Ce ne sont que les pensées d'un artiste sur son art. Flaubert, dont l'esprit répugnait peut-être à l'abstraction, n'est pas toujours parvenu à les débrouiller bien clairement. Mais, en somme, il a réussi à faire entendre ou à suggérer ce qu'il voulait dire. Soyons justes : ces défaillances d'expression sont plutôt rares chez ce grand styliste. La plupart du temps, il a su condenser ses intuitions dans des formules extrèmement heureuses.

Il est inutile, avec lui, de prendre les précautions qui seraient nécessaires avec un autre écrivain et de nous mettre en garde contre les variations de sa doctrine. Sa pensée a très peu évolué. Tel il était à dix-huit ans, tel il apparaît à la veille de sa mort. Le programme littéraire, que contiennent les derniers chapitres de *l'Éducation sentimentale*, peut bien être, en ces années de jeunesse, encore très enveloppé et très imprécis, ce sera le même au fond qu'il continuera à défendre, lorsqu'il écrira *Bouvard et Pécuchet*.

Or, la méthode qu'il a toujours préconisée en art est éminemment *intellectuelle*, en ce sens que, sans nier le sentiment, — bien au contraire, — il le subordonne à l'intelligence.

La première règle de cette méthode, c'est que l'artiste doit se borner à *représenter*, sans prétendre à conclure : « Les plus grands génies et les grandes œuvres n'ont jamais conclu. Homère, Shakespeare, Gœthe, tous ces fils aînés de Dieu, comme dirait Michelet, se sont bien gardés de faire autre chose que représenter [1]. » L'artiste est dans le monde, comme le Dieu de Spinoza. Invisible et présent partout, la substance divine pense éternellement l'univers, qu'elle crée, sans but et sans fin. L'art ne fait qu'imiter cette divine contemplation. Contempler, comprendre, représenter, voilà son œuvre, — œuvre qui requiert l'effort de tout l'homme, mais dont la récompense est si haute. La pensée qui contemple excite une émotion, qui passe les plus beaux ravissements : « C'est une joie supérieure aux plaisirs de la tendresse [2] ! »

---

1. *Correspondance,* édit. Charpentier, IIIe série, p. 271.
2. *Tentation de saint Antoine,* édit. Charpentier.

L'ivresse de l'art égale celle de la science : « L'*art* aussi a des spasmes fous et des enchantements sans fin... Sous son baiser d'amour, des illuminations magnifiques auraient flambé dans ta tête, où l'idée, comme une torche sur les ondes, eût balancé, en des profondeurs limpides, sa lueur élargie et ses aigrettes multipliées... Perdu dans l'ombre, le monde, en bas, aurait passé sans bruit [1]... »

Voilà donc le point de vue de l'artiste, situé tout de suite dans l'absolu. Il ne se fait point centre. Il voit les choses, non point par rapport à soi, mais par rapport au Tout, dont il est lui-même partie. Elles n'ont de signification que dans leur relation avec Dieu. Sans doute, ce Dieu panthéistique de Spinoza est bien éloigné du Dieu chrétien. Pour Flaubert, c'est l'Inconnaissable, la substance mystérieuse d'où procède et où retourne toute réalité. Mais quel critère plus radical et plus élevé que celui-là ? Notez qu'il ne s'agit pas, ici, de juger les choses d'après un système dit rationnel, une science ou une métaphysique quelconque, mais uniquement de les *représenter*, sans vouloir les expliquer, ou leur assigner un but, — leur cause

---

1. *Première version*, p. 251.

et leur fin se reculant pour nous, dans la substance inaccessible. Du coup, l'artiste est délivré de tous les préjugés qui peuvent troubler son regard.

Évidemment, on peut se placer à un autre point de vue, on peut mettre sa gloire à passer, comme on dit, de l'absolu au relatif. Au lieu d'être le spectateur désintéressé, on peut prendre parti dans le spectacle et concentrer toute son attention, par exemple, sur des réalités sociales ou nationales, qui ont, en effet, une extrême importance, puisqu'elles sont nécessaires à notre vie. Mais Flaubert répond à cela : Vivre n'est point notre affaire. *Cela ne nous regarde pas.* Notre affaire, à nous, c'est de contempler, de chanter la vie. De deux choses l'une : ou bien vous accorderez à ces faits sociaux ou nationaux une valeur absolue, selon le sentiment populaire, — et, à la réflexion, vous vous jugerez ensuite bien naïfs ; ou vous plaiderez pour eux, en dilettantes de l'action, vous les justifierez d'après une certaine morale, ou une certaine philosophie. Que restera-t-il de votre plaidoyer, lorsque cette morale et cette philosophie seront devenues caduques, lorsque votre dilettantisme aura passé de mode ? Derrière les choses présentées par vous, ce que j'aperçois c'est vous-même, votre sentiment ou vos idées. Or, le moi est haïssable, les sentiments et les idées sont éphémères. Derrière les choses, il n'y a que le mystère qui les conditionne et qui, à cause de cette nécessité, les rend sérieuses.

*
* *

La deuxième règle de l'esthétique de Flaubert, — qui n'est que le corollaire de la précédente, — c'est que l'art doit être impersonnel. Il l'a écrit dans ses lettres et répété si souvent dans ses conversations que nous n'aurions que l'embarras du choix entre une foule de citations exprimant toutes la même idée. Mais, s'il est certain que, pour Flaubert, l'impersonnalité de l'artiste est un dogme capital, ce qui est moins sûr, ce sont les interprétations courantes qu'on en a données.

Prendre au pied de la lettre ce précepte de l'impersonnalité, c'est se tromper grandement. Pour Flaubert, l'esprit de l'artiste n'est pas qu'un miroir, ou, comme on s'est plu à le dire, une plaque photographique, qui reflète mécaniquement le monde extérieur, sans y rien ajouter. Pour lui, l'art, c'est toujours « l'homme ajouté à la nature »,

— mais *l'homme littéraire*, et non point le bourgeois ou le citoyen, l'individu avec ses affaires ou ses sentiments personnels, ses obligations ou ses préjugés de caste et de milieu. Il est trop évident que cet *homme littéraire*, avec ses aptitudes, ses tics de métier, ses dons supérieurs, ses lacunes et ses tares, marque son empreinte sur une œuvre. Bien loin de le nier, Flaubert reproche au contraire à la méthode critique de Taine de ne pas tenir un compte suffisant de la personnalité littéraire de l'artiste et de la sacrifier insensiblement ou de la réduire à son milieu et à son ascendance, — c'est-à-dire à tout ce qui n'est pas proprement l'artiste dans un individu : « Il y a autre chose dans l'art que le milieu où il s'exerce, et les antécédents physiologiques de l'ouvrier. Avec ce système-là, on explique la série, le groupe, mais jamais l'individualité, le fait spécial, qui fait qu'on est *celui-là*. Cette méthode amène forcément à ne faire aucun cas du *talent*[1]. »

Mais, dira-t-on, la personnalité inférieure de l'écrivain, l'homme d'une certaine époque, d'un certain milieu, d'un certain tempérament reparaît

----

1. *Correspondance*, IIIe série, p. 193.

toujours dans une œuvre, par quelque côté, et quel que soit le soin qu'on prenne de l'en chasser. Cela encore est trop évident. Flaubert n'a jamais eu la naïveté de croire que l'impersonnalité, telle qu'il la recommandait, fût absolue. Ce n'est qu'une méthode qui, comme toutes les méthodes scientifiques elles-mêmes, ne peut être qu'une approximation du vrai. Sans doute elle est imparfaite, mais c'est le moyen le plus sûr de restreindre, dans l'observation du réel, les chances d'erreur, de réduire au minimum la duperie du sentiment. Il faut la considérer comme une sorte de garde-fou, qui empêche l'artiste de trop céder aux sollicitations du sens individuel, de trop s'abandonner aux mirages du cœur et de l'imagination.

Enfin, Flaubert, si paradoxal que cela paraisse, a vu, dans la méthode impersonnelle, le moyen le plus sûr, pour l'artiste, de prendre conscience de sa propre conscience, de sa propre personnalité. Oui, il faut sortir de soi pour se retrouver dans les autres. Rien n'est tel que de s'opposer à autrui pour avoir de soi-même une idée plus juste et plus nette. Un trait de caractère, une démarche de l'instinct observés chez un autre vous éclairent brusquement toute une région obscure de votre âme, ou font entrer dans le jeu de votre action consciente des puissances qui, jusque-là, sommeillaient en vous. Pour se mieux connaître, il faut donc élargir le cercle de son regard, non seulement observer autour de soi, mais multiplier les points de vue, changer de milieu, voyager. Le contact de natures étrangères, surtout quand elles sont primitives et simples, vous avertit qu'il y a, en vous, des profondeurs ignorées, recouvertes par le trompe-l'œil de l'éducation et des idées reçues, des sources obstruées, qui n'attendent que l'occasion propice pour jaillir de nouveau à la lumière. Pendant son séjour en Égypte, la banale rencontre d'une courtisane, une certaine Ruchouk Hanem, provoqua chez Flaubert une véritable crise de sentimentalité. Cette rencontre fut peut-être le plus grand événement de son voyage. Il est douteux qu'il ait senti auprès de sa maîtresse ce qu'il éprouva auprès de cette fille d'Égypte : « J'ai passé la nuit, écrivait-il à Louis Bouilhet, — dans des *intensités rêveuses infinies.* » A travers les notes et les lettres intimes où il relate cet incident, dans la simplicité toute nue du récit, perce un accent d'émotion qui ne se retrouve dans aucune de ses lettres d'amour, même les plus exaltées. Sans le savoir, cette Ruchouk Hanem avait rouvert dans son cœur une source vive qu'il croyait tarie. Le souvenir en persista chez Flaubert long-temps après.

D'ailleurs, à partir d'un certain point, nos distinctions conventionnelles entre le dedans et le dehors, le moi et le non moi perdent toute signification. Les choses sont en nous autant que nous sommes en elles. Ici, la pensée de Flaubert rejoint celle de Gœthe, qui, lui aussi, voyageait, pour s'étudier et se contempler lui-même dans le miroir du monde : « Je ne voyage pas, disait l'auteur de *Faust*, pour me tromper moi-même, mais pour me connaitre mieux à travers les choses étrangères. »

*
* *

Afin d'être plus sûrement impersonnel, de mêler le moins possible de ses préjugés, ou des vœux de son cœur à l'image fidèle de la réalité, l'artiste procédera comme si cette réalité était une pure illusion, une fiction étrangère à lui et qui ne le touche en rien. Flaubert a exprimé cette idée avec une netteté singulière dans sa préface aux

Dernières chansons de Louis Bouilhet : « *Si les accidents de ce monde dès qu'ils sont perçus vous apparaissent transposés comme pour l'emploi d'une illusion à décrire, tellement que toutes les choses, y compris votre existence, ne vous sembleront pas avoir d'autre utilité...* » Une telle doctrine a fait scandale. On s'est empressé de la mal comprendre. Eh quoi ? le monde ne serait qu'une illusion, sans autre intérêt que de servir à l'art ? Il est certain que le nihilisme bouddhiste a effleuré la pensée de Flaubert : « Peut-être qu'il n'y a rien ! » dit le Diable à saint Antoine. Mais qui ne voit que cette transposition du réel, — de même que la recherche de l'impersonnalité, — n'est, pour Flaubert, qu'un artifice de méthode ? Il ne dit point que le monde n'a de réalité que transposé dans l'art, il dit seulement que l'artiste doit faire *comme si* cela était.

Cette méthode est bonne et salutaire *pour lui*, pour lui seul, — pour le dessein qu'il se propose, à savoir la représentation du réel, sans déformation d'ordre sentimental ou pratique. Du moment que nous considérons le monde comme une pure illusion esthétique, il est clair que, conçu ainsi, il n'intéressera plus que la « personnalité littéraire »

de l'artiste, les hautes facultés qui entrent en jeu
dans la création de l'œuvre d'art. Cette dernière
règle de la transposition renforce celle de l'impersonnalité. Elle en exagère encore la rigueur, afin
de mieux prémunir l'artiste contre les suggestions
de la sentimentalité inférieure.

Pourquoi donc se récrier contre lui, s'il isole sa
réalité de la réalité commune, celle qui est une portion de notre activité ou de notre souffrance? Ce
n'est, chez le bon ouvrier, qu'un raffinement de probité. N'admet-on pas que le savant, dans son labora-
toire, isole deux corps, en vue d'une expérience, et
qu'il s'efforce par tous les moyens de les soustraire
à l'influence perturbatrice du dehors, afin de rendre
son expérience plus concluante? Sans doute, les
choses ne se passent point ainsi dans la nature. Mais
le savant procède *comme si* les choses se passaient
ainsi. Et même, le romancier considère le monde
comme n'ayant de réalité et de signification qu'en
vue de l'art, afin de couper court à la tentation inconsciente que nous avons de tout ramener à nous-
mêmes comme centres et d'envisager l'univers
comme asservi à des fins conformes à notre désir.

On a reproché à cette méthode, — Brunetière,
par exemple, — de fausser la réalité, en n'y

voyant que matière à littérature, en sacrifiant le souci du vrai à celui du style et de l'effet esthétique. Le romancier, nous dit-on, en arrive à ne plus percevoir les choses que sous l'angle littéraire, à faire poser devant lui la réalité, au lieu de l'observer dans sa vérité et dans son train naturel : il tourne le dos à la vie. A quoi Flaubert riposte : « Je ne suis pas si cuistre que de préférer des phrases à des êtres [1]. » Mais l'art et la vie sont deux choses bien différentes et irréductibles l'une à l'autre. C'est une plaisanterie de croire que l'art nous rend la vie telle qu'elle est, et qu'il suffit d'ouvrir les yeux pour la voir. Le style est déjà par lui-même « une manière de voir ». En somme, l'artiste ne perçoit et ne traduit la réalité que dans la mesure où elle peut servir à son dessein et que si, tout d'abord, il s'est mis dans l'*état littéraire* [2].

Son mérite est de la découvrir avec d'autres yeux que ceux de l'habitude, de nous la montrer sous un angle qui lui est propre et qui est précisément l'angle littéraire. Enfin, c'est un métier

---

1. *Correspondance*, IV⁰ série, p. 98. (Lettre à George Sand.)
2. C'est ce que Flaubert appelait familièrement : « se monter le bourrichon. »

que de faire un livre. S'il en est ainsi, l'écrivain doit employer toutes ses forces à perfectionner son métier, afin de le rendre aussi apte que possible à exprimer la réalité telle que l'art la conçoit. Un effort continu est nécessaire pour parvenir à ce haut degré de maîtrise. Le véritable artiste consacre toute sa vie à l'art : « Le travail constant, disait Balzac, est la loi de l'art comme celle de la vie. Aussi les grands artistes, les poètes n'attendent-ils ni les commandes, ni les chalands ; *ils enfantent aujourd'hui, demain, toujours.* Canova vivait dans son atelier, comme Voltaire a vécu dans son cabinet. Homère et Phidias ont dû vivre ainsi [1]... »

Flaubert, lui aussi, a vécu dans son cabinet de Croisset. Mais il avait commencé par vivre de la vie de tout le monde et courir le vaste univers, amassant un butin d'impressions et d'images qu'une existence entière ne suffit pas à épuiser.

Cependant, parvenu à ce point de sa dialectique, il fait un retour sur lui-même. Il est pris de

---

1. Cf. Balzac, *la Cousine Bette.*

scrupules. A raisonner ainsi sur l'art, à s'y attarder, ne risque-t-on pas de tomber dans une creuse scolastique? Sous prétexte d'obliger l'artiste à étudier le réel selon la méthode la plus précise, ne va-t-on pas, à force de subtilités théoriques, le détourner de cette réalité même? Les vrais maîtres n'ont pas été si malins. « *L'Art doit être bonhomme* [1]. » S'il est une imitation de la nature, il doit en avoir la simplicité, en même temps que la profondeur : « Les très belles œuvres sont sereines d'aspect et incompréhensibles... Elles sont immobiles comme des falaises, houleuses comme l'Océan, pleines de frondaisons, de verdures et de murmures comme des bois, tristes comme le désert, bleues comme le ciel. Homère, Rabelais, Michel-Ange, Shakespeare, Gœthe m'apparaissent *impitoyables*. Cela est sans fond, infini, multiple. Par de petites ouvertures, on aperçoit des précipices. Il y a du noir, en bas, du vertige, — et cependant, quelque chose de singulièrement doux plane sur l'ensemble... Et c'est calme ! c'est calme ! Et c'est fort ! Ça a des fanons comme le bœuf de Leconte de Lisle [2]... » Qu'on presse un peu Flaubert, et il dé-

---

1. *Correspondance*, IVe série, p. 227.
2. *Id.*, IIe série, p. 304.

clarera que les grands chefs-d'œuvre ont *l'air bête*, en ce sens qu'ils ignorent les malices des petits talents, qu'ils sont souvent gauches, maladroits, qu'ils déconcertent toutes les finesses de nos esthétiques, et, surtout, qu'ils déçoivent notre manie d'expliquer et de conclure.

Que sont, en effet, nos systèmes ? La réalité est formidable. La vie est partout. La matière et l'esprit s'entrepénètrent : « N'y a-t-il pas des choses inertes qui sont comme animales, des âmes végétatives, des statues qui rêvent et des paysages qui pensent [1] ?... » Saisir la vie multiforme dans sa poussée et sa floraison perpétuelle est une tâche qui défie l'intelligence. La vie déborde sans cesse la contemplation de la pensée et la représentation de l'art. Pour essayer de la traduire, l'artiste doit mettre en œuvre une autre faculté, plus embrassante et plus pénétrante que la pensée logique.

Et d'abord, en face de cette force écrasante qu'est la réalité, il convient qu'il soit lui-même une *force*, capable de lui faire équilibre, de sympathiser avec elle, et, jusqu'à un certain point, de la dominer.

---

1. *La Tentation de saint Antoine* (1856), édit. Charpentier, p. 167.

Il doit être ce qu'on appelle un « tempérament »,
un cœur robuste et gaillard qui batte à l'unisson du
pouls universel. Flaubert écrivait à Louise Colet,
à propos de Leconte de Lisle : « Il n'a pas l'instinct de la vie moderne, le *cœur* lui manque : je
ne veux pas dire par là la sensibilité individuelle,
ou humanitaire, non, mais le cœur, au sens presque médical du mot. Son encre est pâle. C'est une
Muse qui n'a pas assez pris l'air. *Les chevaux et
les styles de race ont du sang plein les veines, et
on le voit battre sous la peau et courir depuis
l'oreille jusqu'aux sabots*[1]. »

Le cerveau pense, le cœur aime. C'est avec
l'amour de son cœur que l'artiste ira au-devant de
la vie, qu'il tâchera de la pénétrer et de s'unir à
elle : « L'amour, l'amour ! Ce qui ne se donne pas !
Le secret du bon Dieu, l'*âme*, sans quoi rien ne
se comprend[2]. » Cette compréhension du cœur et
de l'amour, qui embrasse toutes les choses et tous
les êtres, elle est la moralité de l'artiste, elle est
une forme supérieure de la pitié. Rappelant l'immense labeur que lui avait coûté *Salammbô*, Flaubert disait à Sainte-Beuve : « L'*amour* qui m'a

---

1. *Correspondance*, II· série, p. 277.
2. *Id.*, II· série, p. 314.

poussé vers des religions et des peuples disparus a quelque chose de moral en soi et de sympathique, il me semble [1]... » Et ailleurs, à Louise Colet : « J'ai été humer des fumiers inconnus. *J'ai eu compassion* de bien des choses où ne s'attendrissent pas les gens sensibles... Si la *Bovary* vaut quelque chose, *ce livre ne manquera pas de cœur* [2]. » C'est par là, par cette sympathie intuitive du cœur, que le grand écrivain, l'écrivain complet, se distingue des petits talents et des simples amateurs. En revanche, le dilettante « a un avantage sur ceux qui voient plus loin et qui sentent d'une façon plus intense, c'est qu'il peut justifier ses sensations et donner la preuve de ses assertions. Il expose nettement ce qu'il éprouve, il écrit clairement ce qu'il pense, et, dans le développement d'une théorie, comme dans la pratique d'un sentiment, il écrase *les natures plus engagées dans l'infini, chez lesquelles l'idée chante et la passion rêve* [3]... » Flaubert était éminemment une de ces natures-là.

Lui qu'on accuse d'avoir fait l'impassible, il écrivait à Jules Feydeau, au moment où il com-

---

1. *Correspondance*, IIIe série, p. 249.
2. *Id.*, IIe série, p. 96.
3. *Première Éducation sentimentale.*

mençait la documentation de son roman carthaginois : « Je donnerais la demi-rame de notes que j'ai écrites depuis cinq mois, et les quatre-vingt-dix-huit volumes que j'ai lus, pour être, pendant trois secondes seulement, *réellement* émotionné par la passion de mes héros [1]. » L'émotion est donc nécessaire à l'artiste. « Il faut que la réalité extérieure entre en nous, *à nous en faire crier*, pour là bien reproduire [2]. »

Loin de nier le cœur, — le cœur révélateur, — Flaubert l'a au contraire exalté plus et mieux qu'aucun autre. C'est parce qu'il croit à la sûreté de ses divinations, qu'il ne veut pas qu'on mutile la réalité, telle que le cœur la manifeste. Le romancier qui peint la vie ne s'en tiendra pas à une image de tête, à une conception élaborée d'après les théories ou d'après une mode régnantes. Il s'efforcera de nous restituer toute la vie sensible au cœur. Critiquant, chez Leconte de Lisle, l'affectation de noblesse, le dédain de la vie moderne sacrifiée à un faux idéal antique, Flaubert disait : « L'idéal n'est fécond que lorsqu'on y fait *tout* rentrer. C'est

----

1. *Correspondance*, IIIe série, p. 104.
2. *Id.*, IIe série, p. 269.

un travail d'amour et non d'exclusion. Voilà deux siècles que la France marche suffisamment dans cette voie de négation ascendante. On a de plus en plus diminué des livres la nature, la franchise, le caprice, la personnalité et même l'érudition, comme étant grossière, immorale, bizarre, pédantesque, et dans les mœurs, on a pourchassé, honni et presque anéanti la gaillardise et l'aménité, les grandes manières et les genres de vie libres, lesquels sont les seuls féconds [1]. » Et parce qu'on n'aura pas peur de peindre toute la vie, on ne s'épouvantera point de ses exagérations, de ce qui dépasse, en elle, la mesure humaine : « *Il ne faut jamais craindre d'être exagéré*. Tous les très grands l'ont été, Michel-Ange, Rabelais, Shakespeare, Molière. Cela (cette exagération), *c'est tout bonnement le génie, dans son vrai centre, qui est l'énorme* [2] ».

Mais il n'y a pas seulement l'énorme dans la réalité ; il y a encore ce qui échappe aux prises de nos sens et de notre pensée. — le mystère, que le cœur affirme et devant lequel la pensée abdique.

---

1. *Correspondance,* II⁰ série, p. 366.
2. *Id.,* p. 247.

En définitive, ce sont les mystiques qui ont raison contre les logiciens et les savants : « Si tu savais, — dit la Science à l'Orgueil dans *la Tentation de saint Antoine*, — si tu savais comme je suis malade!... Le vent qui souffle éteint mon flambeau, et je reste pleurant dans les ténèbres... Et puis, j'ai peur ! Car je vois passer sur le mur comme des ombres vagues qui m'épouvantent. » Le sens du mystère est partout dans l'œuvre de Flaubert, même dans ses romans les plus réalistes : « Je suis mystique au fond, — écrit-il à Louise Colet, — et je ne crois à rien [1]. » Il est un mystique honteux, qui n'ose pas suivre son instinct, qui, par scrupule de bon ouvrier, ne veut pas engager son art hors des voies certaines de la réalité. Comme saint Antoine, après l'assaut des tentations, se remet en prières, il laisse passer les suggestions de l'au-delà et il se remet au travail, qui est sa prière à lui. Mais toute son œuvre, pourtant si nette et si arrêtée dans ses contours, est une allusion perpétuelle à l'Inconnaissable. Cet homme, dont l'imagination était si concrète, a su trouver des mots qui effleurent l'inexprimable et qui ren-

---

1. *Correspondance*, II⁰ série, p. 101.

dent le son de l'infini : « On se précipite, — dit la Luxure, — à des rencontres qui effrayent. On rive des chaînes que l'on maudit. D'où vient l'ensorcellement des courtisanes, l'extravagance des rêves, *l'immensité de ma tristesse ?.., »*

Ayant ainsi reconnu les droits du cœur et fait sa place au sentiment, Flaubert n'en est pas moins convaincu que la faculté maîtresse de l'artiste, c'est l'intelligence qui représente et qui construit. La monde n'existe, pour nous, qu'autant qu'il est pensé. La sensation, l'obscur pressentiment n'ont de réalité qu'autant qu'ils se réduisent à une idée, ou qu'ils se rattachent à un système d'idées préalablement vérifiées. L'esthétique de Flaubert est, dans son fond, éminemment classique et cartésienne : « Ceci est pensé, donc ceci est. » L'art doit être intellectuel.

Bien plus : tout en sachant la fécondité originelle de la sensation et de l'émotion, l'artiste sera constamment en garde contre leurs tromperies. Il évitera de céder en aveugle à son premier mouvement. Non seulement il s'efforcera de régler et de critiquer son émotion, mais il sera capable de l'exciter au besoin. Cette domination sur le sentiment est le grand signe de sa maîtrise : « Arrêtant l'émotion qui le troublerait, il sait faire naître en lui la sensibilité qui doit créer quelque chose [1]. » Flaubert va plus loin, il exagère sa théorie à plaisir. Il ne lui suffit pas que l'intelligence crée l'émotion, il faut encore qu'elle crée la réalité. L'univers conspire avec la pensée, ses lois sont identiques à celles de l'esprit. Suivant la formule aristotélicienne, la matière aspire à la forme, elle *désire* devenir pensée. Dans un des épisodes les plus singuliers de la première *Éducation sentimentale*, il imagine qu'un des héros, par la seule force de sa pensée, arrive à donner un corps réel à une pure hallucination [2]. Ce n'est là évidemment qu'un paradoxe romantique. Mais Flaubert est convaincu, comme Renan et comme Taine, que l'univers s'empresse de donner raison au savant, en vérifiant ses lois, ou en justifiant ses hypothèses. A propos d'un oiseau fabuleux, le Dinorius, qu'il voulait sans doute faire entrer dans sa *Tentation de saint Antoine*, il écrit, quelque temps après, à son ami Bouilhet: « Sais-

---

1. Cf. *Première Éducation sentimentale, ad finem.*
2. Voir l'épisode du *chien.*

tu qu'on vient de découvrir à Madagascar un oiseau gigantesque, qu'on appelle l'Epyorius ? Tu verras que ce sera le Dinorius et qu'il aura les ailes rouges [1]. » Ainsi, la nature est sommée par lui de se conformer à sa description.

Et pourtant il comprend bien que la pensée se heurte toujours à quelque chose d'irréductible et d'inexprimable, dont elle ne sera jamais la maîtresse. A trop raisonner et à trop construire, l'artiste s'expose à s'éloigner de la vie. Il faut, au contraire, que, partout dans son œuvre, il en sente la tiédeur et la palpitation. Il faut que ses idées aient des origines sensibles, presque animales, qu'elles plongent, par leurs racines, dans la vie inconsciente. Traçant le portrait idéal d'un jeune homme, qui lui ressemble comme un frère, Flaubert disait : « Également écarté du savant qui s'arrête à l'observation du fait et du rhéteur qui ne songe qu'à l'embellir, il y avait, pour lui, un sentiment dans les choses mêmes, et les passions humaines suivaient, en se développant, des paraboles mathématiques. Quant à ses passions à lui, il les réduisait à des formules, afin d'y voir plus clair. *tandis*

---

1. *Correspondance*, IIe série, p. 156.

que ses idées semblaient venir de son cœur, tant elles avaient de chaleur et d'audace [1]. »

Il n'en est pas moins vrai qu'il existe une antinomie gênante entre la pensée et la réalité, entre l'art et la vie. Comment résoudre cette antinomie? Pour Flaubert, la conciliation des deux termes s'accomplit dans l'œuvre de beauté. La beauté est quelque chose de parfait, de fini, qui satisfait complètement l'intelligence, et qui, pourtant, laisse le champ libre au rêve, ouvre à la pensée des perspectives sans limite. Elle est un symbole de l'absolu. Devant elle, l'esprit abdique, la logique perd ses droits, comme devant l'émotion et devant la vie.

En cela, Flaubert se sépare absolument des romanciers anglais, narrateurs d'aventures ou chantres de l'action, — pour qui le fait brutal, la tranche de vie, la thèse sociale ou religieuse sont la grande affaire. Pour lui, il faut que la réalité se compose et se traduise sous les espèces de la beauté. La beauté avant tout, tel est le grand précepte de son art. A la veille de sa mort, il écrivait encore à George Sand, à propos d'Alphonse Daudet et de Zola : « Aucun d'eux n'est préoccupé *avant tout* de

---

1. Cf. *Première Éducation sentimentale, ad finem.*

ce qui fait pour moi le but de l'art, à savoir la beauté [1]. » De là, chez lui, l'importance capitale qu'il attribue à la composition et au style.

Maintenant, quelle sera la matière de l'art ainsi conçu ?

Ce n'est pas seulement une question de préférences personnelles. Flaubert se rendait bien compte qu'il existe une sorte d'harmonie préétablie entre le sujet et le talent de l'écrivain. La rencontre d'un sujet parfaitement approprié à un tempérament est une chose très importante à ses yeux. On s'est mépris, cependant, sur sa pensée. De ce qu'il accordait au style une attention extrême, on en a conclu que, pour lui, le style est tout et que la matière est indifférente. Peu importe le sujet, disait-on : tout dépend de l'exécution. C'est une erreur. Un écrivain ne peut pas traiter n'importe quoi.

En ce sens, on peut affirmer que le vrai sujet de Flaubert, ç'a été l'antiquité, dans ce qu'elle a de romantique, de passionné et de décoratif. Voilà ce

---

1. *Correspondance*, IVe série, p. 227.

qui répond à son tempérament. Mais si, instinctivement, il situe son art dans le passé, peut-être,
en cela, obéit-il aussi à une sorte de nécessité interne de son esthétique. Pour qu'un morceau de la
réalité ait toute sa valeur représentative, ne faut-il
pas que cette réalité se recule dans le passé, où
elle se dépouille de toutes ses contingences, pour
ne plus manifester que ses caractères essentiels et
permanents ? C'est la tendance de notre art classique du xviie siècle.

Quoi qu'il en soit, Flaubert a démesurément
aimé l'antiquité. Il a commencé par en admirer le
côté théâtral : le cirque, l'amphithéâtre, la pompe
des triomphes, — Rome bien plus que la Grèce, et
Rome de la décadence. Héliogabale et Néron sont
les héros de ses enthousiasmes juvéniles. Il écrivait, en 1844, à Louis de Cormenin : « J'admire
Néron : c'est l'homme culminant du monde antique. Malheur à qui ne frémit pas, en lisant Sué-
tone. J'ai lu dernièrement la vie d'Héliogabale dans
Plutarque(?). Cet homme-là a une beauté différente
de celle de Néron. C'est plus asiatique, plus fié-
vreux, plus romantique, plus effréné : *c'est le soir
du jour, c'est un délire aux flambeaux*. Mais
Néron est plus calme, plus beau, plus antique, plus

posé, en somme supérieur. Les masses ont perdu leur poésie depuis le christianisme. Ne me parlez pas des temps modernes, en fait de grandiose. Il n'y a pas de quoi satisfaire l'imagination d'un feuilletonniste de dernier ordre [1]. » Et ailleurs, à Maxime Du Camp : « L'antiquité me donne le vertige. J'ai vécu à Rome, c'est certain, du temps de César ou de Néron. As-tu pensé quelquefois à un soir de triomphe, quand les légions rentraient, que les parfums brûlaient autour du char du triomphateur et que les rois captifs marchaient derrière ?... Et le cirque ! C'est là qu'il faut vivre, vois-tu ! On n'a d'air que là, et on a de l'air poétique à pleine poitrine, comme sur une haute montagne, si bien que le cœur vous en bat [2] ! »

Tout cela est encore très jeune et passablement naïf. Mais les années assagiront ces emballements. Enfin, son voyage en Orient sera, pour Flaubert, le coup de la grâce. Ses yeux s'ouvriront tout à fait. Il saura précisément pourquoi il aime l'antiquité, et il s'en fera une idée plus originale, en même temps que plus exacte.

Dès lors, il la conçoit en *réaliste*. Il cherche à

---

1. *Correspondance*, Ire série, p. 72.
2. *Id.*, Ire série, p. 102.

en retrouver « ce qu'elle a de chaud » et de vivant. Il ne voit pas l'antiquité avec les yeux des anciens. Ce serait tomber sûrement dans le pastiche et dans le conventionnel que de leur emprunter leur forme d'art : « La forme antique est insuffisante » pour nous, hommes du XIXᵉ siècle. Notre pensée et notre âme se sont modifiées depuis Homère, notre œil a d'autres exigences que celui de Phidias. Restons donc ce que nous sommes, si nous voulons être sincères et originaux, ne pas nous exposer à décalquer les poncifs antiques [1]. Voyons l'antiquité comme nous voyons la réalité d'aujourd'hui. En d'autre termes, appliquons à l'antiquité « les procédés du roman moderne ».

Mais, parce que Flaubert se représente le monde antique comme la manifestation la plus magnifique de la vie, il est amené à l'étudier dans ses époques les plus intenses, les plus turbulentes, les plus mêlées. Chocs de peuples, grouillements cosmopolites, c'est cela qui l'attire dans l'histoire de Rome et de la Grèce. Il les aime surtout lorsqu'elles sont contaminées par l'Orient. Carthage, Alexandrie,

---

1. C'est pourtant ce qu'ont fait la plupart de nos écrivains depuis Fénelon et André Chénier jusqu'à Leconte de Lisle et à ses imitateurs contemporains.

voilà ses villes de prédilection. Dans ces pays de despotismes ou d'oligarchies féroces, le type humain, avec tous ses vices et toutes ses vertus, atteint à son complet épanouissement. L'individu surgit, triomphal, au-dessus des viles multitudes qu'il écrase. Au fond, c'est l'Orient qui fascine Flaubert, l'Orient antique, avec sa couleur et ses passions violentes, ses conflits de races, de religions et d'idées, ses obscurs instincts de cruauté, de superstition, de luxure et de mysticisme.

Au prix de cette réalité antique, la réalité moderne lui paraît piètre. Celle-ci n'est plus que la parodie misérable et grotesque de celle-là. Il la déteste vigoureusement, et, parce qu'il la déteste, il va la peindre dans toute sa laideur. Ainsi, les romans modernes de Flaubert représentent la partie négative de son œuvre. *Bouvard et Pécuchet* parodient *la Tentation de saint Antoine* comme *Madame Bovary* et *l'Éducation sentimentale* parodient *Hérodias* et *Salammbô*. Pour lui, l'histoire de l'humanité se divise en trois périodes descendantes : *Paganisme, christianisme, muflisme.* Dans ses *Trois contes*, il a confronté ces trois époques, en trois récits symboliques.

Ici se trahirait peut-être le fléchissement de ses

théories d'art. Malgré son parti pris d'impersonnalité, il ne s'affranchit pas assez de ses haines et de ses préjugés, lorsqu'il aborde les temps modernes. Il les a trop méprisés; or, l'art complet, selon lui-même, n'est pas seulement œuvre de critique, mais aussi œuvre d'amour.

*
* *

Quoi qu'il en soit, Flaubert a profondément renouvelé, chez nous, la conception de l'art. Plus radicalement que tous ses devanciers, il l'a séparé de ce qu'on appelait autrefois la littérature courtoise, celle des poètes de cour et des romanciers pour gens du monde, — la seule au fond qu'on admette. C'est pourquoi il aimait à répéter qu'*on* a la haine de la littérature : « *on* veut dire tout le monde. » Divertir les honnêtes gens, c'est encore aujourd'hui, comme au temps de Molière et de La Bruyère, l'unique objet de la littérature courante, dans ce qu'elle a de plus social et de plus estimable.

Flaubert, lui, a inauguré un art qui est en quelque sorte la religion de ceux qui n'en ont pas. Représentation intégrale du réel, il est une forme de la connaissance, une méthode pour parvenir à la vérité et même à la vie bienheureuse, — autant qu'on peut être heureux sans la possession de la vérité et dans un monde qu'il considérait lui-même comme abominable.

III

L'ORIENT ET L'AFRIQUE DANS L'ŒUVRE DE FLAUBERT

Quoi qu'on en ait dit, Flaubert, en somme, a beaucoup voyagé, pour un homme de son temps et de son tempérament.

A cette époque-là, entre 1840 et 1850, les voyages n'étaient ni fréquents ni commodes. En outre, Flaubert, cela est trop certain, avait le tempérament casanier. Son ami, Maxime Du Camp, — d'ailleurs la nature la moins faite pour le comprendre, — nous l'a amicalement représenté comme une espèce de rond-de-cuir, muré dans des besognes fastidieuses d'écriture et de compilation et incapable de bouger de son cabinet de Croisset. Avant qu'il se mît en route pour la Bretagne, ou

pour l'Orient, ce furent, paraît-il, des tergiversations sans fin. Et, de ces tergiversations, Du Camp
s'empresse de conclure que son ami Gustave était
le plus rencogné, le plus irrésolu, le plus mou,
pour ne pas dire le plus peureux des bourgeois.
En réalité, ce n'est pas si simple que cela. Quand
on sait lire entre les lignes de la correspondance
de Flaubert, quand on a présent à l'esprit certain
passage de la première *Éducation sentimentale*,
on soupçonne que si Gustave hésitait à partir avec
Maxime, c'est, tout simplement, que cela ennuyait
Gustave de voyager avec Maxime. Celui-ci était
déjà, pour lui, un ancien ami, dont il se détachait
de plus en plus, qui le contrecarrait sans cesse,
qui n'avait ni les mêmes goûts, ni les mêmes idées,
ni les mêmes admirations.

Traité en poule mouillée par Du Camp, intré-
pide voyageur, Flaubert, de son côté, protestait
bien haut contre ces façons injurieuses. Dans les
lettres qu'il écrit d'Orient, au cours de leur voyage,
il ne manque pas une occasion de se représenter
comme au moins aussi endurant que Maxime. Et
même il se plaît fréquemment à l'écraser de sa
vaillance. Ainsi, sur le bateau d'Alexandrie, il
triomphe de son ami abattu par le mal de mer :

« Tout le temps de la traversée, — écrit-il à sa mère, — j'ai été un des plus gaillards, si ce n'est le plus gaillard des passagers. *Il n'en fut pas de même de Maxime*, ni de Sassetti (leur domestique), qui ont piqué une assez grande quantité de renards. Quant à moi, promenades sur le pont, dîners avec l'état-major, stations sur la passerelle entre les deux tambours, dans la compagnie du commandant, où je me piète dans des attitudes à la Jean-Bart, la casquette sur le côté et le cigare au bec. Je m'instruis en marine, je m'informe des manœuvres. Le soir, je contemple les flots et je rêve, drapé dans ma pelisse, comme Childe-Harold. *Bref, je suis un gars!* »

Plus tard, quand il voulait ahurir le bourgeois, il aimait à répéter qu'il y avait en lui un commis-voyageur turbulent et braillard, avide de courir les grandes routes. Ou bien, pour donner de sa personne une idée avantageuse à ses correspondantes, il leur disait que, dans une existence antérieure, il avait été cocher de cirque à Rome ou à Byzance, ou encore soldat dans les armées des Croisades et qu'il était mort en Syrie, pour avoir trop mangé de raisins. Mais, en dépit de toutes ces fanfaronnades, je crois bien que le vrai Flau-

bert est celui qui écrivait à madame Louise Colet :
« L'action m'a toujours dégoûté au suprême degré, elle me semble appartenir au côté animal de
l'existence. » Le vrai Flaubert, c'était l'homme de
cabinet, « l'homme-plume » (le mot est de lui),
qui citait avec complaisance le proverbe arabe :
« *Il vaut mieux être assis que debout et couché
qu'assis* » — celui, enfin, qui répondait aux bonnes âmes qui l'exhortaient à prendre de l'exercice :
« Le mouvement est délétère. »

Quoi qu'il en soit, dès l'instant où il se met pour
de bon à la besogne littéraire, il ne sort presque
plus, sinon pour aller, comme il disait, se « dé-
congestionner » au bord de la mer, ou sur les montagnes, — ou pour vérifier quelques détails de documentation. Mais, entre 1840 et 1858, il a fait au
moins cinq grands voyages. D'abord, après son
baccalauréat, — c'était une récompense pater-
nelle, — un voyage aux Pyrénées, dans le midi
de la France, et enfin en Corse. Cinq ans plus tard,
nouveau voyage dans le Midi, en compagnie de
son père et de sa famille. Cette fois, il parcourt la
côte de Provence, après un séjour à Marseille ; il
visite l'Italie du Nord, Gênes, Milan, Turin, revient par la Suisse et le lac de Genève. En 1847,

Maxime Du Camp l'entraîne sur les bords de la Loire et en Bretagne. C'est de là qu'est sorti leur livre écrit en collaboration : *Par les champs et par les grèves*. Enfin, en 1849, leur grand voyage en Orient : il dura environ dix-huit mois. Les deux amis étaient partis avec les plus ambitieux projets. Non seulement ils devaient visiter l'Orient classique, la Grèce, l'Anatolie, la Syrie, l'Égypte, mais pousser jusqu'à la Perse et peut-être jusqu'à l'Inde. Or, comme ils commencèrent par passer huit mois en Égypte, il leur fallut restreindre ce magnifique programme, non point tant par lassitude que parce que leur bourse se vidait. Ils se bornèrent donc à faire le tour de la Méditerranée, en terminant par Rome et l'Italie du Sud, que Flaubert ne connaissait pas encore.

Après cela, l'ère du « mouvement » est close pour lui. Désormais, il va *travailler*, et Dieu sait ce qu'il entendait par ce mot ! En voilà pour jusqu'à sa mort. Il ne s'interrompra sérieusement qu'une seule fois, au printemps de l'année 1858, lorsqu'il s'agira d'aller contrôler sur les lieux, à Tunis et dans la province de Constantine, la topographie de son roman carthaginois.

De tous ces voyages, le seul qui ait eu une influence vraiment profonde et décisive sur son œuvre et son esprit, c'est le voyage en Orient, — celui de 1849. En effet, lorsqu'en 1840 et en 1845 il vit le midi de la France, l'Italie du Nord et la Suisse, il n'était pas seul. Sa famille le gênait, l'empêchait d'aller et de venir à sa guise. « *Voilà deux fois*, écrivait-il à son ami Alfred Lepoittevin, *que je vois la Méditerranée en épicier.* » Ce n'était pas flatteur pour les siens, mais c'était vrai en grande partie. Qu'on lise sa correspondance de cette époque, on constatera qu'à part les arènes de Nîmes rien ne l'a extraordinairement ému. Les parties descriptives de ses lettres ne contiennent guère que les variations prévues sur la limpidité du ciel méridional et sur le bleu de la Méditerranée. J'ai eu en main ses carnets, tant pour le voyage de 1840 que pour celui de 1845. Il s'y rencontre évidemment des notes de peintre, qui indiquent, chez Flaubert, un sens étonnant de la couleur. Mais ce sont les notes littéraires ou les considérations générales qui dominent. Et, pour ce qui est du voyage en Bretagne, il ne paraît pas non plus qu'il y ait éprouvé de bien grands enthousiasmes. Malgré la beauté, le relief et l'éclat de certaines de ces descriptions, le livre qu'il en rapporta, — *Par les champs et par les grèves,* — est un livre triste, nostalgique et en quelque sorte négatif. On sent qu'il aspire à un autre ciel, à des pays plus éclatants et plus joyeux, moins gâtés de civilisation moderne.

En Orient, au contraire, il exulte, il se sent chez lui — il se retrouve. Tandis que son compagnon n'est occupé, en voyage, que du livre à écrire. Flaubert se laisse aller à la douceur de la vie orientale, sans autre souci que d'observer et de bien voir. Maxime, qui était un arriviste fervent, entendait être décoré, à son retour. Pour cela, il se donnait beaucoup de mal, prenait des clichés photographiques, compulsait des bouquins d'archéologie, en vue d'un savant ouvrage sur l'Égypte. Gustave, lui, se déclarait « paresseux comme un curé » et jurait de ne jamais publier une ligne. Et c'est justement pour cette raison, parce qu'il était parti sans idée préconçue, sans arrière-pensées ambitieuses, qu'il a si bien vu les pays du Levant.

Si l'on songe que son voyage ultérieur en Algérie et en Tunisie n'a été que documentaire, on estimera donc que le plus fécond, le plus profitable pour son génie, ç'a été celui d'Orient. En tout cas, ce fut l'événement capital de son existence.

Il est clair qu'une partie considérable de son œuvre en procède. Si l'on songe enfin que Flaubert n'est plus guère sorti de son cabinet de travail après 1848, on verra, — moitié dans ses impressions de jeunesse, moitié dans ses impressions d'Orient, — la matière sur laquelle il a vécu littérairement jusqu'à son dernier souffle.

On pourrait même prétendre que l'œuvre tout entière de Flaubert, — *Madame Bovary*, *l'Éducation sentimentale*, voire *Bouvard et Pécuchet*, — s'est ressentie, d'une façon plus ou moins lointaine, de son séjour en Orient. Il est évident, du moins, que la date de 1850 marque un changement profond dans ses procédés de style et de composition. Le lyrisme échevelé du premier *Saint Antoine* cède, alors, à une ordonnance plus rigoureuse. La phrase se dépouille de ses redondances oratoires et du foisonnement de ses métaphores : elle devient plus sobre, plus précise, plus exactement moulée sur le détail extérieur. Ce ne serait qu'un jeu de démontrer que, cette nouvelle manière, il la doit aux habitudes d'observation scrupuleuse qu'il prit en Orient, bien que déjà, dans la relation de son voyage en Bretagne, il se révèle un observateur très pénétrant et très minutieux. Ce qu'il y a de sûr, c'est qu'il doit à l'Orient la netteté et la splendeur de l'image comme de la description. Dans aucun de ses livres antérieurs, — même dans le premier *Saint Antoine*, — cette qualité-là n'est arrivée à un pareil degré de perfection.

Mais plutôt que de fausser cette idée en l'exagérant, en l'appliquant de parti pris à l'œuvre entière de Flaubert, tenons-nous-en à ceux de ses livres qui sont directement inspirés par l'antiquité orientale : *la Tentation de saint Antoine, Salammbô, Hérodias.*

On n'y voit généralement que des fantaisies d'archéologue et de romantique, des œuvres livresques bâties à coups de textes et de conjectures et aussi, il faut bien l'avouer, par une prodigieuse imagination. Or, quand on connaît un peu l'Orient moderne, on s'aperçoit bien vite que, dans ces romans antiques, bon nombre d'épisodes et de descriptions ont été suggérés à Flaubert, soit par le spectacle des ruines anciennes, soit par les analogies probables que la vie des Orientaux mo-

dernes a conservées avec celle de leurs ancêtres.
Ainsi pour *Salammbô* : le lac sacré qu'il a placé
dans les jardins d'Hamilcar n'est très probablement qu'une réminiscence du lac sacré de Karnak,
qu'il visita, en descendant le Nil. Les couloirs et
les petites chambres du temple de Tanit, les pein-
tures murales qui les décorent, avec leurs figures
d'animaux et de divinités, — tout cela, on peut le
conjecturer d'après ses lettres, il en a pris l'idée
dans les nécropoles de Thèbes et, plus spéciale-
ment, dans les tombeaux de la Vallée des Rois.

Constantinople même lui a fourni. Il se peut
que je me trompe, après tout; cependant, lorsque
je pénétrai dans le trésor du Vieux-Sérail, à la
pointe de Stamboul, j'eus l'intuition très précise
que le souvenir d'une visite pareille avait inspiré
à Flaubert sa célèbre description du trésor d'Hamilcar. J'y reconnus, outre Abdalonim, « le maître des splendeurs profondes », les plumes d'autruches liées en bouquets, les dents d'éléphants
entre-croisées au-dessus des portes, les pierreries
brutes amoncelées dans des jattes ou dans des
soucoupes, les tapis, les coussins, les housses
cousues de perles fines.

Mais où l'on sent surtout des réminiscences de

l'Égypte moderne, c'est dans la description des costumes, des parures, des objets familiers. Les vêtements noirs des femmes, les pagnes bleus des esclaves, les boutons de corail, comme ceux que Taanach, la nourrice de Salammbô, porte sur sa narine, on les rencontre, aujourd'hui encore, du côté d'Assouan et de Wâdi-Halfa, sur les confins de la Nubie. De même, les colliers de verroterie qui pendent au cou des chevaux et des ânes, les amulettes, les sacoches de cuir multicolore, les réchauds d'argile, les éventails en feuille de palmier pour allumer le feu. Enfin, les parfums dont il inonde Salammbô, et que préparent les esclaves d'Hamilcar, sous la haute direction du Maître des odeurs suaves, c'est au Caire qu'on lui en a donné la recette. J'ai retrouvé dans ses papiers, soigneusement recopiées de sa main, des notes abondantes sur les parfums orientaux, tels qu'ils se vendent toujours dans les souks.

Flaubert heureusement ne s'est point borné à ces détails superficiels. Rappelons-nous qu'il resta près d'une année en Égypte, qu'il y séjourna, tandis que, dans les autres régions du Levant, il ne fit que passer. Il s'y imprégna de l'atmosphère africaine, si bien que, huit ans plus tard, lorsqu'il partit pour Philippeville et Tunis, afin de s'y documenter sur *Salammbô*, il se retrouva tout de suite en pays de connaissance. Tout lui était familier, les gens, les mœurs, les paysages et le climat. Sa grande imagination fit le reste. Sous cette Afrique moderne, il sut découvrir l'Afrique ancienne, dans sa réalité concrète et toujours vivante.

En somme, l'influence de l'Afrique a été prépondérante sur toute une partie de l'œuvre de Flaubert et c'est à travers elle qu'il a vu tout l'Orient.

*
* *

Comment s'en étonner? De tous les pays du soleil, celui qu'il a le plus aimé, c'est l'Afrique. Deux de ses livres ont été inspirés par elle, et, s'il n'était pas mort prématurément, il lui aurait encore demandé le sujet d'un grand roman moderne, qui aurait été comme le couronnement de toute son œuvre.

Trois ans après son voyage d'Égypte, lorsqu'il était plongé dans la *Bovary*, l'obsession de l'Afrique le poursuivait toujours. Il terminait ainsi une de ses lettres à Louise Colet : « Pourquoi cette phrase de Rabelais me trotte-t-elle dans la tête : « l'Afrique apporte toujours quelque chose de nouveau »? Je la trouve pleine d'autruches, de girafes, d'hippopotames, de nègres et de poudre d'or... [1] »

Ce qui fait le prix de ces lignes jetées comme en post-scriptum au bas d'une page, c'est qu'elles expriment, d'une façon toute naïve et presque involontaire, la première et plus personnelle impression que l'auteur avait reçue de l'Afrique. Il ne faut pas oublier que Flaubert garda toute sa vie un vieux fonds de romantisme. Il aimera donc tout d'abord ce que l'Afrique a d'énorme et de monstrueux — sa flore et sa faune exubérantes, son grouillement humain, si voisin de l'animalité, ce qu'il y a de baroque et de bizarrement contrasté dans ses mœurs comme dans ses costumes, mais par-dessus tout la frénésie de sa couleur et le flamboiement de sa lumière. Les Goncourt, plus foncièrement gaulois, plus débiles de tempé-

---

1. Voici la phrase exacte de Rabelais, qui n'est d'ailleurs qu'une paraphrase de Tertullien : « Affrique, dist Pantagruel, est coutumière toujours produire choses nouvelles et monstrueuses. » (*Pantagruel*, V, chap. III.)

rament, amoureux d'un Orient plus délicat et plus fondu, étaient vivement choqués de cette prédilection de Flaubert pour l'exotisme africain. Ils la notaient avec un sous-entendu de dénigrement dans la description du cabinet de Croisset qui figure dans leur *Journal*. Ils remarquaient « ... sur la cheminée, sur la table, sur les planchettes des bibliothèques et accroché à des appliques, ou fixé au mur, *un bric-à-brac des choses d'Orient* : des amulettes recouvertes de la patine vert-de-grisée d'Égypte, des flèches de sauvages, des instruments de musique de peuples primitifs, des plats de cuivre, des colliers de verroterie, le petit banc de bois sur lequel les peuplades de l'Afrique mettent leur tête pour dormir, s'assoient, coupent leur viande... » — Et ils concluaient : « Cet intérieur, c'est l'homme, ses goûts, son talent. Un intérieur tout plein d'un gros Orient et où perce un fond de barbare dans une nature artiste. » — Quelque temps auparavant, après une lecture de *Salammbô* faite par l'auteur lui-même, ils l'accusaient d'aimer « la grosse couleur et l'enluminure », de voir l'Orient antique — « sous l'aspect des étagères algériennes ». Que Flaubert ait eu tort de se représenter ainsi les choses, ce n'est point ici la question.

Nous allons d'ailleurs y revenir dans un instant.
Il n'en reste pas moins vrai qu'il a beaucoup aimé
l'Afrique et qu'il y avait une sorte de prédisposi-
tion naturelle dans son goût pour l'exotisme africain. « En passant devant Abydos, écrit-il dans
sa *Correspondance*, j'ai beaucoup pensé à Byron :
c'est là son Orient, l'Orient turc... *j'aime mieux
l'Orient cuit du Bédouin et du désert, les profondeurs vermeilles de l'Afrique*, le crocodile, le
chameau, la girafe... »

Mais avec son tempérament, son éducation
toute romantique, les tendances morales qu'il révèle çà et là dans sa correspondance, il a dû être
entraîné vers l'Afrique par le même instinct qui
poussa les maîtres du romantisme vers tout ce
qu'il y a de vague et d'indéterminé dans les litté-
ratures primitives. L'Afrique, pour lui, c'est, par
excellence, le pays mystérieux, la région fabu-
leuse pleine d'enchantements et de mirages. Il
l'aperçoit avec les mêmes yeux que le Chef des
caravanes dans *Salammbô;* il y découvre « ... bien
au delà du Harousch noir, après les Atarantes et
le pays des grands singes, d'immenses royaumes
où les moindres ustensiles sont tout en or, un
fleuve couleur de lait, large comme une mer, des

forêts d'arbres bleus, des collines d'aromates, des monstres à figure humaine végétant sur les rochers et dont les prunelles, pour vous regarder, s'épanouissent comme des fleurs ; puis derrière les lacs tout couverts de dragons, des montagnes de cristal qui supportent le soleil... »

L'Afrique est aussi le pays de la fécondité sans bornes, où la matière coule, intarissable, pour d'innombrables ébauches et que gonfle sans cesse l'afflux des formes à naître. Elle est semblable à l'œuf mystique de la déesse Tanit. Seule, elle a pu donner à saint Antoine le désir de s'abîmer dans la matière, *de devenir la matière* [1], car la force de la terre est si écrasante que l'homme et son œuvre se confondent avec elle. Si l'énergie créatrice y est prodigieuse, la sensualité y est éperdue et la cruauté effrénée. L'Afrique devait se reconnaître dans la Tanit phénicienne, la déesse impure, sorte de matrice géante, symbolisant les puissances obscures et mauvaises de la nature, qui conspirent sans cesse contre l'ordre des choses, qui font échec à la raison harmonieuse et qui cependant s'emparent d'elle par le vertige de la

---

1. Cf. *la Tentation de saint Antoine, ad finem.*

volupté. Toutes ces forces tumultueuses, la pensée de Flaubert les a choyées avec une complaisance secrète. Mais il a su dominer sur elles et les exprimer dans la prose la plus raisonnable et selon le rythme le plus parfait.

Pour tous ceux qui connaissent l'Afrique du Nord, et qui sont familiers avec *Salammbô* et *la Tentation de saint Antoine*, personne n'a fixé comme Flaubert les aspects éternels du pays. En cela encore il a été vraiment un *classique*. Tandis que les écrivains de son temps, les Goncourt, par exemple, se perdaient dans le menu détail de la description, inventaient le *parisianisme*, l'*exotisme*, l'*impressionisme* et, pour tout dire, propageaient la manie du *chic* en littérature, l'auteur de *Madame Bovary* continuait la grande tradition française, qui consiste à ne voir les choses que dans leur plus haute généralité. Il allait même jusqu'à s'écrier avec sa brusquerie de langage ordinaire, quand on le félicitait de la fidélité scrupuleuse de son observation : « Sont-ils bêtes avec leurs observations de mœurs ! Je me f... bien de ça ! » Évidemment, ici, il exagérait sa pensée à plaisir. Mais ce qu'il voulait affirmer à l'encontre de ses amis, c'est que la beauté seule l'intéressait et que seule elle valait la peine d'être transcrite dans une œuvre.

Il a dit la mollesse et la langueur voluptueuse des plages africaines, l'enchantement des grandes cités maritimes par les levers d'aube et les soirs de lune. Qu'on relise la page de *Salammbô* où il a décrit Carthage endormie, on y retrouvera tout le charme d'Alger, de Tunis, d'Alexandrie. Il a évoqué en quelques lignes les mirages qui flottent sur ces villes, au coucher du soleil, avec les vapeurs lumineuses de leurs eaux. Il a senti que tous ceux qui sont venus vers elles et qu'elles ont conquis les ont d'abord aimées comme des maîtresses. Il a compris enfin que cet attrait de volupté explique le perpétuel exode des hommes d'Occident vers la grande joie du Sud et du soleil méditerranéen. Ce n'est pas seulement l'artiste ou le poète qui obéit à cette séduction, mais tous, — depuis le marchand jusqu'au plus humble manœuvre, qu'il s'agisse des mercenaires d'Autharite ou du terrassier moderne qui abandonne son village du Piémont pour s'enrôler dans les équipes de travailleurs africains.

Avec autant d'exactitude et de justesse, Flaubert a dit les paysages plus modestes du Tell,

cette large bande cultivée et montagneuse qui sépare les rivages de la région des sables. Déjà, au
temps d'Hamilcar et d'Hannon, les métairies et
les fermes s'y échelonnaient, à de grands intervalles, au bord des routes : « Les rigoles cou-
laient dans des bois de palmiers ; les oliviers faisaient de longues lignes vertes ; des vapeurs roses
flottaient dans les gorges des collines ; des montagnes bleues se dressaient par derrière. » Mais
plus on s'éloigne du littoral, plus les cultures deviennent rares et le pays aride : « A l'extrémité
d'une plaine, toujours on arrivait sur un plateau
de forme ronde ; puis on redescendait dans une
vallée, et les montagnes qui semblaient boucher
l'horizon, à mesure que l'on s'approchait d'elles,
se déplaçaient comme en glissant. De temps à
autre, une rivière apparaissait dans la verdure
des tamaris pour se perdre au tournant des collines. Parfois, se dressait un énorme rocher pareil
à la proue d'un vaisseau ou au piédestal de quelque colosse disparu. »

Voici enfin le troisième aspect de l'Afrique, les
régions sablonneuses et désertiques, où « d'immenses ondulations parallèles d'un blond cendré s'éti-
rent les unes derrière les autres, en montant tou-

jours ». Le soir, quand le soleil s'abaisse, « le ciel, dans le nord, est d'une teinte gris perle, tandis qu'au zénith des nuages de pourpre, disposés comme les flocons d'une crinière gigantesque, s'allongent sur la voûte bleue. Ces raies de flamme se rembrunissent, les parties d'azur prennent une pâleur nacrée ; les buissons, les cailloux, la terre, tout maintenant paraît dur comme du bronze ; et, dans l'espace, flotte une poudre d'or tellement menue qu'elle se confond avec la vibration de la lumière. »

Exprimer ces trois aspects avec un pareil relief, ce n'est pas seulement faire de la littérature et fixer d'admirables paysages, c'est encore rendre intelligibles les étranges recommencements de l'histoire de l'Afrique. Toutes les révoltes et toutes les guerres qui ont troublé le pays, depuis la domination punique jusqu'à la conquête française, n'ont pas d'autre origine que l'opposition, pour ne pas dire l'hostilité naturelle qu'il y a entre ces trois régions juxtaposées et si profondément différentes. Tandis que les rivages s'ouvrent d'eux-mêmes aux mercenaires, acceptant, avec eux, leurs civilisations et leurs dieux, en revanche les montagnards du Tell, en apparence soumis à l'étranger, résistent sourdement à l'envahisseur. La vieille race, qui a épousé la terre, ne se confond point avec la race nouvelle, qui passe sans se fixer jamais. De là les révoltes contre le conquérant d'outre-mer, qu'il vienne de Rome, de Constantinople, de Madrid ou de Paris. Mais ces deux peuples ont un ennemi commun dans le nomade insaisissable du Sahara, le conducteur de troupeaux. qui, de temps en temps, poussé par la famine ou la rage de détruire, se rue sur les cultures et les villes, ne laissant derrière soi que ruines et désolation.

Non seulement Flaubert a fortement rendu ces grands aspects du sol, mais, comme nous le disions, il s'est imprégné de l'atmosphère du pays. Il y a telle de ses phrases qui recèle un véritable charme nostalgique pour l'Africain exilé. Des paysages tout entiers revivent dans le simple déroulement d'une période. Il a su rendre l'oppression du barbare sous la force de la terre et du soleil, comme dans ces lignes où semble peser l'accablement des jours de siroco : «... Le soleil perdait ses rayons tout à coup. Alors le golfe et la pleine mer semblaient immobiles comme du plomb fondu. Un nuage de poussière brune perpendiculairement étalé accourait en tourbillonnant ; les palmiers se courbaient, le ciel disparaissait ; on entendait rebondir des pierres sur la croupe des animaux ; et le Gaulois, les lèvres collées contre les trous de sa tente, râlait d'épuisement et de mélancolie... [1]. » Notons encore une fois la sobriété toute classique de cette description. Flaubert n'a retenu que les traits essentiels.

Il faudrait répéter la même chose à propos de tous les grands phénomènes du ciel africain, qui ont trouvé place dans son œuvre : les brusques orages des Hauts-Plateaux, les pluies diluviennes de l'automne, les chaleurs excessives des mois d'août et de septembre, la douceur trompeuse de ce faux printemps auquel succède tout à coup un été torride et interminable. Mais ce qu'il a admirablement saisi, — et ce que personne, je crois, n'a vu dans *Salammbô*, — c'est que la dualité de Tanit et de Moloch n'est que l'expression de la double nature du climat. Or, cette dualité se traduit, dans l'ordre moral et intellectuel, par les surprenantes oppositions de l'âme et du génie de l'Afrique. D'une part Tanit, qui signifie la langueur amoureuse et corruptrice des rivages ; d'autre

---

1. *Salammbô*, p. 104.

part, le Moloch dévorateur, le feu du ciel, qui symbolise l'aridité des sables : c'est le souffle enflammé du désert, qui brûle tout sur son passage, qui inspire, avec la luxure furieuse, la soif de la conquête, le désir effréné du pillage et du meurtre. Mollesse efféminée, brutalité sauvage, toute l'Afrique est dans cette antithèse.

Ceux qui reprochent à Flaubert ses descriptions n'ont donc pas vu qu'elles sont au moins autant *psychologiques* que picturales. Ils oublient surtout, ou ils ne savent pas, qu'en ce pays le ciel et la terre, avec leurs phénomènes changeants, comptent souvent davantage que l'homme, et que nulle part ailleurs l'homme n'est plus *agi* par le sol. Dans les montagnes de Kabylie, dans les grandes plaines dénudées du Chéliff ou de la région sétifienne, les gourbis des Arabes ne se distinguent pas de la couleur des broussailles ou des roches. C'est l'image morale de l'Afrique tout entière. L'individu, trop souvent, y est annihilé par la terre.

Quand Flaubert annonça l'intention de « ressusciter » Carthage, il ne manqua pas de conseilleurs pour le dissuader de son projet. Lui-même avait si bien répété qu'il fallait être « absolument fou pour entreprendre de semblables bouquins » qu'on fut ravi de le croire sur parole et que son roman de *Salammbô* passa pour une simple fantaisie de dilettante. Là-dessus, on lui a cherché les chicanes les plus injustes. On a feint de ne voir dans *Salammbô* qu'un roman archéologique comme le *Jeune Anarcharsis*, de l'abbé Barthélemy. On l'a combattue au nom de la vérité locale, alors qu'elle renferme une vérité beaucoup plus haute et que sa portée dépasse infiniment celle d'une simple reconstitution historique. Flaubert n'était ni un bénédictin ni un membre de l'Académie des Inscriptions. Il voulait, avant tout, écrire une œuvre d'imagination, où le sens du passé se combine avec le sens général de la vie. C'est de là qu'il faut partir pour le juger. Au milieu de tant d'inventions dont la valeur esthétique ou morale est de tous les temps et de tous les pays, que reste-t-il dans *Salammbô* de strictement africain ou carthaginois ? Je crois que la réponse n'est pas bien difficile, pourvu qu'on prenne la peine de lire Flaubert, sans autre souci que de le comprendre.

Tout d'abord il a très nettement vu que, dans

ce vaste empire de l'Afrique du Nord soumise à la domination punique, la question des races dominait tout. A travers l'uniformité des textes latins et grecs, il a distingué à Carthage des éléments ethniques de toute provenance, qui ne se sont jamais complètement fondus et dont les froissements expliquent la plupart des révoltes et des guerres. D'une part, les riches, les patriciens, — marchands ou grands propriétaires, — d'origine phénicienne, avares et tristes, voluptueux et dévots ; de l'autre, comme aujourd'hui encore dans les grandes villes maritimes, tout un peuple très mêlé, où l'historien reconnaît le sang des antiques et mystérieux Berbères, race autochtone ou tout au moins occupant le pays avant les Phéniciens. Puis, traversant tout ce monde, sans jamais se confondre avec lui, les nomades des régions pastorales ou désertiques, qu'ils viennent de la Libye ou du pays des Gétules, les éternels ennemis de l'agriculteur et de l'habitant des villes. Enfin la plèbe confuse et chaotique des esclaves, où le nègre coudoie le Campanien, où l'Ibère rencontre le Grec d'Asie. Ce bariolage des peuples entraîne celui des coutumes et de la couleur. De là vient tout ce qu'il y a de heurté et peut-être de grossier dans le pittoresque africain. Lorsque les Goncourt reprochaient à Flaubert ce qu'ils appelaient son « gros Orient », ils ne voyaient pas que ces discordances et ces crudités sont symboliques de la nature même du pays. Que Flaubert ait eu un goût immodéré pour la violence et une certaine sauvagerie des mœurs, je l'accorde volontiers. Mais, dans l'espèce, ces crudités et cette violence sont nécessaires à son dessein. Ce n'est dans *Salammbô* qu'un surcroît de vérité.

Vivant en marge de cette société instable et confuse, il y avait encore à Carthage un véritable peuple de mercenaires venus de tous les points du monde antique. Cette foule brutale qui remplit de son tumulte les pages de *Salammbô*, Flaubert ne l'a point représentée à la manière de Zola, dans sa simplicité d'élément déchaîné. Il a essayé d'y démêler des caractères particuliers correspondant à la diversité des races. Chacun conserve les habitudes et jusqu'aux modes de son pays. Le Grec n'agit point comme le Gaulois. La cruauté bestiale du Ligure ou de l'homme des Baléares excite l'horreur des autres peuples [1]. Mais ce dont, ici,

_____

1. Voir, par exemple, le passage où un mercenaire des Baléares pompe avec sa bouche le sang du Carthaginois

il faut louer Flaubert, c'est d'avoir eu l'intuition des grands courants ethniques dans l'ancien monde occidental. Toujours les hommes du Nord et même ceux des pays méditerranéens ont aspiré à la volupté de l'Afrique. Aujourd'hui encore, les descendants de Zarxas et d'Autharite, les Mahonnais, les Catalans, les Provençaux, les Espagnols de Valence et d'Alicante se précipitent sur l'Afrique avec la même ardeur de conquête. Comme ceux d'autrefois, ces mercenaires modernes peuvent avoir, à de certains jours, le regret de la patrie absente, ils sont vaincus et enchaînés par la terre. Ils la maudiront, mais il ne la quitteront plus. Tout autant que les hordes d'Hamilcar, ils sont pris par toute espèce de liens, mais surtout par les vices qui s'épanouissent au soleil africain, — par leur gourmandise, leur lubricité, la licence de tout faire, de parler en maîtres et de fouler l'indigène.

Ainsi, les foules vivent dans *Salammbô*, le décor est splendide. Mais Flaubert n'a pas oublié pour cela, comme on l'admet trop aisément, les âmes individuelles. Il l'a avoué lui-même et il faut

qu'il a tué : « Cette chose atroce fit horreur aux Barbares, aux Grecs surtout. » (*Salammbô*, p. 193.)

le noter soigneusement : ce qui l'a le plus tourmenté dans ce prétendu roman archéologique, c'est la psychologie. Il est sans doute facile d'en contester l'exactitude historique. Pourtant, les textes ne lui manquaient pas sur Hamilcar ni sur Màtho ; et si, d'autre part, en tenant compte des indications de l'histoire, il est arrivé à faire agir ses personnages comme ils l'ont dû vraisemblablement, tel milieu étant donné, que peut-on demander de plus à un romancier et même à un historien ? Ce sont là des *hypothèses* tout aussi admissibles que celles qu'on nous propose journellement pour telle époque particulièrement obscure et sur laquelle il ne nous reste aucun texte positif. En somme, Flaubert voulait faire une Carthage seulement *possible ;* on peut affirmer hardiment qu'il l'a faite[1].

---

1. Pour ce qui est de la *psychologie* dans *Salammbô*, Flaubert écrivait : « Ce qui m'embête à trouver dans mon roman, c'est l'élément psychologique. » (*Corresp.*, III, p. 98.) Ailleurs : « Les métaphores m'inquiètent peu à vrai dire (il n'y en aura que trop), mais ce qui me turlupine, c'est le côté psychologique de mon histoire. » (III, p. 112.) Quant à la vraisemblance des mœurs, il a très nettement délimité la question (ce que Sainte-Beuve n'a pas fait). « Pourvu qu'on ne puisse pas me *prouver* que j'ai dit des absurdités, c'est tout ce que je demande. » (III, p. 103.) Mais voici qui est plus pénétrant et plus catégorique : « D'après toutes les vraisemblances et mon impression à moi je crois avoir fait quel-

Qu'on prenne l'un après l'autre ses principaux personnages, on verra qu'ils parlent et qu'ils agissent d'une manière parfaitement logique, c'est-à-dire conforme au milieu et au moment. Sont-ils plus ou moins historiques que dans Polybe? Je ne sais, mais ce qu'il y a de sûr, c'est qu'ils sont d'authentiques Africains et il me semble que c'est déjà quelque chose. Sainte-Beuve s'est acharné en particulier contre le personnage de Salammbô en qui il prétend reconnaître une sœur de Velléda, ou même d'Emma Bovary. Il est difficile de pousser plus loin la mauvaise foi, car enfin quel rapport y a-t-il ? Bien loin de reprocher à Flaubert d'avoir fait de son héroïne une véritable Européenne, je lui reprocherais au contraire de l'avoir trop rapprochée du type de la femme musulmane. Sous prétexte que celle-ci est inaccessible et par conséquent impénétrable pour l'Occidental, Flaubert s'est cru autorisé à laisser subsister dans le caractère de Salammbô on ne sait

---

que chose qui ressemble à Carthage. *Mais là n'est pas la question. Je me moque de l'archéologie !* Si la couleur n'est pas une, si les détails détonnent, si les mœurs ne dérivent pas de la religion et les faits des passions, si les caractères ne sont pas suivis, si les costumes ne sont pas appropriés aux usages et les architectures au climat, s'il n'y a pas, en un mot, harmonie, je suis dans le faux. Sinon, non ! Tout se tient. » (*Lettre à Sainte-Beuve*, III, p. 248.)

quoi de vague et d'imprécis. Il a même exagéré chez elle la passivité ordinaire aux femmes orientales. Nous voyons, au contraire, dans Tite-Live, deux Carthaginoises faire preuve d'une énergie et d'une décision toutes viriles. Le caractère de Sophonisbe en particulier est plutôt grec ou romain. Mais ce sont là, chez Flaubert, de légères erreurs de détails. Les autres personnages sont de véritables Africains, en qui se retrouvent plus ou moins marqués les traits distinctifs de leur patrie d'origine. Suivant le procédé classique, Flaubert en a fait des types généraux. La vitalité en est telle qu'ils subsistent toujours et qu'aujourd'hui encore ils sont reconnaissables.

Je passe sur Hamilcar, en qui l'auteur s'est appliqué à incarner strictement le type du patricien carthaginois de race militaire. Mais les autres, ils vivent toujours. Le rival d'Hamilcar, le vieux Suffète de la mer, rongé par sa lèpre et accablé sous sa graisse malsaine, c'est l'âpre marchand juif ou maltais, sémite comme Hannon, qu'on peut voir encore dans les boutiques sordides d'Alger ou de Constantine, comme dans les souks de Tunis. Narr Havas, c'est le grand chef du sud, le cavalier aux yeux de gazelle, qui épouse nos filles, boit no-

tre champagne, accepte nos décorations, prêt
d'ailleurs à passer du jour au lendemain dans le
camp de nos ennemis. Spendius, c'est l'aventurier
napolitain ou espagnol, le « nouveau débarqué »,
bon à toutes les besognes, ruffian ou tenancier de
maisons louches, fanfaron et vantard, se poussant
par tous les sales métiers, ébahi d'une fortune
soudaine, qu'il gaspille et qu'il perd avec la même
facilité qu'il l'a acquise. Mâtho, c'est le bon nègre, ou le fidèle spahi, épris de la fille de son général, fait uniquement pour servir, fier de porter
nos médailles, très capable d'ailleurs d'un gros
héroïsme et qui finit par se faire tuer pour nous
dans quelque Tonkin ou quelque Madagascar.

Ce ne sont pas là de vagues analogies. Quand on
a longtemps vécu en Afrique, ces personnages de
Salammbô vous poursuivent comme des être réels,
comme des passants familiers coudoyés chaque
jour dans la rue. Tel frondeur des Baléares,
comme ce Zarxas, vigoureux et souple, qui saute
à la façon des bateleurs sur les épaules de ses amis,
vous évoque ces portefaix de Mahon ou d'Alicante,
qui grimpent si lestement sur les navires dans les
ports algériens, qui s'étudient à fléchir élégamment
le jarret sous les plus lourds fardeaux et dont les

pieds légers, chaussés d'espadrilles, ont toujours l'air de bondir. Dans le roman de Flaubert, il y a bien des pages semblables à celle-ci, où je retrouve non seulement des silhouettes précises, mais des conversations et des confidences d'hommes du peuple rencontrés sur les routes du Sud ou sur les quais d'Alger : « Il était né (Mâtho) dans le golfe des Syrtes. Son père l'avait conduit en pèlerinage au temple d'Ammon. Puis il avait chassé les éléphants dans les forêts des Garamantes. Ensuite, il s'était engagé au service de Carthage… il craignait les dieux et souhaitait de mourir dans sa patrie. » — « Spendius lui parla de ses voyages, des peuples et des temples qu'il avait visités, et il connaissait beaucoup de choses : il savait faire des sandales, des épieux, des filets, apprivoiser les bêtes farouches et cuire des poissons [1]. »

Otez la couleur antique. De qui s'agit-il ? de Spendius et de Mâtho, ou bien d'un spahi indigène et d'un trimardeur espagnol ? Durant les longues chevauchées à travers la steppe, lui aussi, le cavalier du bureau arabe, il vous a dit son histoire en quelques paroles brèves et prudentes ; et c'est

---

1. *Salammbô*, p. 27.

toute l'histoire de Mâtho, comme l'histoire de Spendius est celle de l'aventurier cosmopolite.

Prétendra-t-on que Flaubert a été dominé par ses souvenirs et ses notes de voyage, et qu'il a représenté en somme des caractères tout modernes sous des noms et des costumes antiques? Ce qu'il y a de sûr, encore une fois, c'est que de semblables types sont absolument africains : et, s'il est vrai, comme je le crois, que les mœurs de l'Afrique n'ont pas changé depuis des siècles, n'y a-t-il point là de quoi nous rassurer ? En tout cas, les personnages de Flaubert ne se permettent pas une démarche ou une parole qui démente l'idée que nous nous faisons d'un Africain au temps des guerres puniques. A ce compte, si *Salammbô* n'est qu'une gageure, ne peut-on pas dire que Flaubert a tenu sa gageure fort habilement? Mais ce que nous cherchons ici, c'est moins à découvrir chez lui d'hypothétiques Carthaginois qu'à montrer combien il a eu le sens de l'Afrique et avec quelle justesse et quelle profondeur il en a peint les hommes et les choses.

C'est pourquoi nous ferons bon marché des critiques qu'on adresse d'ordinaire à la couleur locale dans *Salammbô*. Depuis Froehner, qui l'avait si vivement attaquée à son apparition, l'archéologie punique a fait quelques progrès. On peut préciser aujourd'hui les points faibles. Il est certain que Flaubert a trop accentué la couleur phénicienne ou sémitique, qu'il a trop lu Movers et trop emprunté à la Bible ou à la Kabbale. Mais c'est encore la couleur africaine qui l'emporte.

On commence seulement à se douter que l'hellénisme avait envahi et plus ou moins pénétré tout le bassin méditerranéen, bien avant le cinquième siècle. Des tombes, découvertes à Carthage et qui datent vraisemblablement de l'époque de Salammbô, ont révélé un mobilier funéraire fort semblable à celui des nécropoles de la Grèce. Les œuvres de l'art indigène recueillies çà et là ne sont trop souvent que de lourdes imitations industrielles de l'art hellénique. Mais il faut s'empresser d'ajouter que cette hellénisation était toute de surface, à peu près comme aujourd'hui la prétendue assimilation de certains Arabes d'Algérie. Rien ne le prouve mieux que la persistance de la langue punique longtemps après la conquête romaine et jusqu'à l'époque de saint Augustin. Les inscriptions qu'on découvre d'un bout à l'autre de l'Afrique du Nord témoignent assez combien la tradition punique y était vivace. On aurait un frappant symbole de cette civilisation africaine si incohérente dans cet étrange mausolée du roi Juba II, que les Arabes appellent « le Tombeau de la Chrétienne », et qui se dresse en face de la mer, sur un mamelon du Sahel, à quelques lieues d'Alger. C'est un immense tas de pierres, de forme cylindrique, revêtu d'un tambour de maçonnerie gréco-romain. Les pilastres, avec leurs chapiteaux à volutes, leurs fausses portes moulurées, peuvent faire illusion de loin : ce n'est, en réalité, que l'ordinaire sépulture indigène dans des proportions plus vastes. L'extérieur est grec, le cœur de l'édifice est africain.

Quoi qu'il en soit de ces erreurs de détail, — ou plutôt à cause de ces erreurs, — l'impression finale qui se dégage de *Salammbô*, c'est que la race punique répugnait, en somme, à l'hellénisme. La Carthage trop phénicienne de Flaubert exprime, peut-être avec excès, cette vérité historique. Mais, en somme, quand on ferme son livre, on garde l'idée d'un monde étrange et bariolé, où l'Orient et l'Occident se mêlent sans se confondre. L'Afrique apparaît comme le point de rencontre de deux civilisations opposées, Nous allons voir tout à l'heure combien cette conception était originale et quel parti Flaubert prétendait en tirer. Ce qu'il faut retenir pour l'instant, c'est qu'en dépit de ces apparences paradoxales son roman est non seulement une œuvre toute pleine de l'Afrique, mais une des plus vivantes que le maître nous ait laissées. Ayant la vie purement idéale des grandes œuvres de l'art, elle est animée aussi de cette vie toute actuelle et presque contemporaine que le roman d'aujourd'hui s'efforce de fixer : Carthage devenue française n'est peut-être pas morte, et long-temps encore, sans doute, la mêlée des peuples méditerranéens qui se disputent l'héritage punique s'y reconnaîtra dans les foules de *Salammbô*.

Justement parce que Flaubert avait à un haut degré le sens de la vie, il ne s'en est pas tenu à l'Afrique du passé. L'Afrique et, d'une façon générale, l'Orient moderne l'ont vivement sollicité. Flaubert était l'homme des vastes synthèses. On ne s'étonnera plus qu'il ait longuement raconté la révolte des Barbares occidentaux contre la Carthage antique, quand on saura qu'il n'y voyait qu'un premier épisode d'une action qui aboutit à l'époque contemporaine. En réalité, *Salammbô* ouvre le cycle qu'eût fermé ce grand roman oriental dont il a rêvé jusqu'à sa mort. Il eût dit la revanche des barbares écrasés par la force punique, puis vaincus à leur tour dans leur victoire même, comme Carthage victorieuse le fut par les germes de mort qu'elle portait en elle. Il avait le sens de la continuité de la vie. Il savait que l'histoire n'est qu'un perpétuel recommencement, une sorte de mouvement giratoire ramenant les mêmes événements après des périodes déterminées. C'est pourquoi le sujet de la Guerre inexpiable n'était point pour lui une chose morte. Il sentait que cette lointaine aventure revivait en des événementstout proches de nous, qu'il existe une réciprocité d'action entre le présent et le passé et que la mêlée des barbares autour de Carthage n'est que le symbole de la même force qui pousse aujourd'hui leurs descendants sur l'Afrique et les met aux prises avec l'Islam, jusqu'à ce qu'eux-mêmes s'entr'égorgent.

J'insiste sur cette idée, parce que c'est en cela surtout que la critique a été injuste ou aveugle. On a trop confondu Flaubert avec les parnassiens de son entourage, on en a trop fait un artiste de décadence, épris uniquement de l'artificiel et vivant dans le passé. Or, il disait : « La forme antique est insuffisante à nos besoins, et notre vie n'est pas faite pour chanter ces airs simples. Soyons aussi artistes que les Grecs, mais autrement qu'eux. La conscience du genre humain s'est changée depuis Homère. Le ventre de Sancho-Pança a fait craquer la ceinture de Vénus. Au lieu de nous acharner à produire de vieux *chics*, il faut s'évertuer à en inventer de nouveaux. *Je crois que Leconte de Lisle est peu dans ces idées, il n'a pas l'instinct de la vie moderne, le cœur lui manque ;* je ne veux pas dire la sensibilité individuelle, ou même humanitaire, non, mais le cœur au sens presque médical du mot. Son encre est pâle, c'est une muse qui n'a pas assez pris l'air [1]. »

Ce sens de la vie, c'est l'Afrique qui le révéla à Flaubert. Son voyage en Égypte, — redisons-le encore, — fut certainement le fait capital de son existence. Son génie y trouva sa forme définitive et s'y précisa dans ses tendances. *Salammbô* fut alors conçue, et *la Tentation de saint Antoine*, qu'il avait depuis longtemps écrite, en fut profondément modifiée dans son sujet comme dans sa

---

1. Lettre à Louise Colet, *Correspondance*, II. p. 276.

composition. S'il en est ainsi, il faut renverser la perspective traditionnelle sous laquelle on envisage encore l'œuvre de Flaubert et rejeter au second plan *Madame Bovary* et *l'Éducation sentimentale* ; ce ne sont plus que deux satires de la caducité bourgeoise, qui doivent rester en marge de son œuvre véritable. *Salammbô, la Tentation, Hérodias*, sont l'expression pure de ce qu'il *voulait* faire. Mais son vrai sujet, le sujet idéal qui a plané au-dessus de tout son labeur, c'est l'Orient, considéré comme la source de toute vie et de toute beauté. Un instinct d'artiste l'avertissait que là seulement il pourrait trouver, avec la vie et la beauté, la matière de grandes œuvres. Enfin, il avait trop l'intelligence de son temps pour ne pas deviner que l'énergie européenne allait se concentrer avec frénésie sur l'Orient, qu'il y aurait là encore des rivalités de peuples, en tout cas une fièvre d'activité et peut-être des luttes géantes auprès de qui les antiques prouesses des épopées ne seraient que des jeux d'enfants.

Ce ne sont pas là de simples inductions tirées complaisamment de l'œuvre de Flaubert. Nous savons par lui-même et par ses amis qu'il a longtemps caressé le rêve d'écrire un roman sur cette vaste donnée. Il suffirait déjà de lire, dans sa correspondance, ses relations de voyage, pour voir combien l'Égypte l'avait frappé et par quel attrait l'Orient, dès cette date de 1850, s'était emparé de lui [1]. Mais à mesure qu'il avance vers la maturité de son talent, ce projet de roman oriental prend de plus en plus consistance. En 1860, il écrivait à son ami Feydeau, qui était alors en mission dans l'Afrique du Nord : « Fais-nous un grandissime roman sur l'Algérie ! Tu dois en savoir assez. Il y a plus à faire sur ce pays que Walter Scott n'a fait sur l'Écosse, et un succès non moindre attend ce livre ou ces livres-là. Telle est mon opinion [2]. » Deux ans après, il confiait aux Goncourt « le grand désir qu'il a eu, désir auquel il n'a pas renoncé, d'écrire sur l'Orient, sur l'Orient en habit noir... [3] ».

---

1. En effet, il écrivait de Constantinople à Louis Bouilhet qu'il songeait à une histoire d'*Anubis*, « la femme qui veut se faire aimer par le dieu ». (II, p. 10.) — C'est le sujet même de *Salammbô*.

2. *Correspondance*, III, p. 190.

3. Voici dans son entier le passage du *Journal des Goncourt* : « *29 mars 1862*. — Flaubert est assis sur son divan, les jambes croisées à la turque. Il parle de ses projets, de ses ambitions, de ses rêves de romans. Il nous confie le grand désir qu'il a eu, désir auquel il n'a pas renoncé, d'écrire un livre sur l'Orient moderne, sur l'Orient en habit noir. Il s'anime à toutes les antithèses que son talent trouverait

Enfin, à la veille de sa mort, il répétait à une de ses correspondantes : « Si j'étais plus jeune et si j'avais de l'argent, je retournerais en Orient, pour étudier l'Orient moderne, l'Orientisthme-de-Suez. *Un grand livre là-dessus est un de mes vieux rêves. Je voudrais faire un civilisé qui se barbarise, et un barbare qui se civilise. Développer ce contraste de deux mondes finissant par se mêler ! Mais il est trop tard...* [1]. »

Ce qui le surprend quand il débarque à Alexandrie, ce n'est ni le pittoresque ni l'exotisme proprement dit, ce sont les hommes : « D'un mot, voici jusqu'à présent comme je résume ce que j'ai res-

---

dans le bouquin. Scènes se passant à Paris, scènes se passant à Constantinople, scènes se passant sur le Nil, scènes d'hypocrisie européenne, scènes sauvages du huis-clos de là-bas et noyade et tête coupée pour un soupçon, une mauvaise humeur : une œuvre qui ressemblerait assez bien, selon sa comparaison, à ces bateaux qui ont, sur le pont, à l'avant, un Turc habillé par Dusautoy, et à l'arrière, sur le pont, le harem de ce Turc, avec ses eunuques et toute la férocité des mœurs du vieil Orient. — Flaubert s'éjouit et se gaudit à la peinture de toutes les canailles européennes, grecques, italiennes, juives, qu'il ferait graviter autour de son héros et il s'étend sur les curieux contrastes que présente, çà et là, l'Oriental se civilisant et l'Européen retournant à l'état sauvage, ainsi que ce chimiste français, qui, établi sur les confins de la Libye, n'a plus rien gardé des mœurs et des habitudes de sa patrie. » (Ire série, II, p. 13).

1. *Correspondance*, IV, p. 284.

senti : peu d'étonnement de la nature comme paysage et comme ciel, comme désert (sauf le mirage); *étonnement énorme des villes et des hommes.* Cela tient sans doute à ce que j'avais plus rêvé, plus creusé et plus imaginé tout ce qui est horizons, verdures, sables, arbres, soleil, que ce qui est maisons, rues, costumes et usages. Ç'a été pour la nature une ‌retrouvaille et, pour le reste, une trouvaille[1]. » Ailleurs il écrivait : « Mon genre d'observation est surtout moral. Je n'aurais jamais soupçonné ce côté du voyage. *Le côté psychologique, humain, comique y est abondant.* On y rencontre des balles splendides, des existences gorge-de-pigeon très chatoyantes à l'œil, fort variées comme loques et broderies, riches de saleté, de déchirures et de galons. Et, au fond, toujours cette vieille canaillerie immuable et inébranlable. C'est là la base... [2]. » — Nous voilà donc avertis. Si Flaubert eût exécuté son projet, nous n'aurions plus retrouvé dans son livre ce facile et conventionnel Orient, que lord Byron et ses imitateurs avaient mis à la mode. Plus de Sarah la baigneuse, plus de cheik à barbe blanche, plus de janissaire au sa-

---

1. *Correspondance*, I, p. 236.
2. *Loc. cit.*, II, p. 9.

bre recourbé; plus de « fenêtre grillée donnant sur les flots bleus » ; mais, observées avec une rigueur quasi scientifique, les mœurs étranges d'un vieux monde qui se décompose à côté d'un monde tout jeune qui s'essaie à la vie.

Il aurait dépeint cette Égypte contemporaine envahie par l'activité fiévreuse du Nord, pleine d'hommes d'affaires, de fonctionnaires, de militaires, d'aventuriers de tous pays. Il aurait fait éclater au soleil le bariolage de ces villes, où le nègre à demi nu coudoie nos employés de chemin de fer, nos garçons d'hôtel à casquettes galonnées; où les processions de hadjis qui reviennent de la Mecque défilent, bannière au vent, à travers les grandes rues européennes, sous les lorgnettes et les appareils photographiques d'un club alpin ou d'une agence Cook; où l'enseigne d'un dentiste américain voisine avec celle d'une couturière parisienne ; où l'on sort d'un café indigène tapissé de nattes grossières et plein de loqueteux accroupis, pour entrer dans un grand bar anglais à l'éclairage électrique aveuglant, avec ses tablées de soupeurs en costumes de touristes. Puis le grotesque violent qui se dégage de cette foule bigarrée (Flaubert avait un sens très vif du grotesque : il l'a prouvé dans

Bouvard et Pécuchet); puis la cohue des immigrants, — la corruption à l'état de prodige, la crapule magnifique qui s'épanouit en de tels milieux ainsi qu'en une terre bénie (comme dit Flaubert, *c'est là la base !*); puis, du haut en bas de l'échelle, la vénalité, presque candide à force d'être inconsciente ; et, par-dessus tout cela, la belle insouciance de ce monde qui se sent si choyé par la nature et le soleil qu'il se laisse aller comme les bêtes, oubliant ses dieux et sa patrie, ne retenant de ses pays d'origine que de vagues préjugés nationaux, et n'empruntant aux religions qui l'entourent que de stupéfiantes superstitions.

Cette foule bigarrée aurait tourné autour des protagonistes de Flaubert comme le chœur dans les tragédies antiques. Selon toute vraisemblance, l'action se serait passée en Égypte à l'époque du percement de l'isthme de Suez. Il nous aurait représenté quelque aventurier de grande envergure — Levantin ou Français — moitié héros, moitié canaille ; il lui aurait opposé un Oriental féru de nos mœurs et de notre civilisation, et il aurait symbolisé ainsi le rapprochement des races dans les grandes entreprises de l'industrie et de la spéculation modernes, — mais surtout ce duel qui s'annonce de plus en plus redoutable entre l'Orient et l'Occident.

Malheureusement pour nous, le livre de Flaubert est resté à l'état de projet. Il n'en faut pas moins retenir son idée comme une indication précieuse. Si l'on rattache cette ébauche aux deux grands romans africains du maître, on se trouve en présence d'une large conception d'ensemble, dont la signification jusqu'ici a été à peine entrevue et dont la fécondité littéraire est loin d'être épuisée.

IV

LA PREMIÈRE « TENTATION DE SAINT ANTOINE »

Disons-le tout de suite : l'œuvre que nous avons pris la responsabilité de publier, — après avoir triomphé des scrupules très honorables de madame Caroline Franklin-Grout, la nièce de Gustave Flaubert [1], n'est point un brouillon informe, un essai de jeunesse définitivement condamné à l'oubli par

---

1. Il n'est pas exact, comme on l'a déjà dit, que nous ayons découvert le manuscrit de la première « Tentation ». Nous n'avons pas eu à le retrouver, pour la bonne raison qu'il est connu depuis la mort de Flaubert. Il a été soigneusement catalogué par la nièce de l'écrivain. Des lettrés, des professeurs, même des étrangers ont pu le feuilleter tout à leur aise. Ils n'y virent sans doute qu'une copie ou une variante de la version que nous possédons. Notre seul mérite, — si c'en est un, — ç'a été de le lire attentivement et d'y reconnaître une œuvre originale, très différente de l'autre.

l'auteur. Cette première version de la « *Tentation de saint Antoine* » *est celle qu'il aurait publiée lui-même après Madame Bovary*, s'il n'en eût été empêché par des raisons qui n'ont rien de littéraire et que nous allons expliquer. La version de 1874, — la seule connue du public et, d'ailleurs, si différente de l'autre, dans sa forme comme dans son esprit, — cette version n'aurait jamais vu le jour, si Flaubert avait cru possible de risquer la publication du *Saint Antoine*, après le scandale de son premier roman.

Pour bien saisir les raisons qui l'ont déterminé, il est nécessaire de reprendre les choses d'un peu haut et d'esquisser rapidement l'historique de *la Tentation*.

Tout le monde sait que l'idée en fut suggérée à Flaubert par un tableau de Breughel qui se trouve encore aujourd'hui à Gênes, au palais Balbi. Le tableau est assez médiocre, si l'on en juge par ces notes datées de Milan, que nous avons eu la bonne fortune de retrouver dans son album de voyage (avril-mai 1845) :

Au fond, des deux côtés, sur chacune des collines, deux têtes monstrueuses de diables, moitié vivants, moitié montagnes. Au bas, à gauche, saint Antoine entre trois femmes, et détournant la tête, pour éviter leurs caresses. Elles sont nues, blanches, elles sourient et vont l'envelopper de leurs bras. En face du spectateur, tout à fait au bas du tableau, la Gourmandise, nue jusqu'à la ceinture, maigre, la tête ornée d'ornements rouges et verts, figure triste, cou démesurément long et tendu, comme celui d'une grue, faisant un coude vers la nuque, — clavicules saillantes, — lui présente un plat chargé de mets coloriés. — Homme à cheval dans un tonneau, bêtes sortant du ventre des animaux, grenouilles à bras et sautant sur les terrains. — Homme à nez rouge, sur un cheval, entouré de diables. — Dragon ailé qui plane. Tout semble sur le même plan. Ensemble fourmillant, grouillant et ricanant d'une façon grotesque et emportée, dans la bonhomie de chaque détail. — Ce tableau paraît d'abord confus, puis il devient étrange pour la plupart, drôle pour quelques-uns, quelque chose de plus pour d'autres. Il a effacé pour moi toute la galerie où il est. Je ne me souviens déjà plus du reste.

Il est évident que cette peinture, un peu indigente dans sa bizarrerie, ne fournit pas grand'chose à l'imagination de Flaubert. Pourtant, ce lui fut une véritable révélation. Du coup, sa conscience d'artiste entrevit le parti merveilleux qu'il pouvait tirer d'une semblable donnée. Et pour quiconque est un peu familier avec la pensée et l'âme du maître, il est évident encore qu'il y avait entre lui et le type légendaire de saint Antoine une affinité plus ou moins lointaine qui dut vivement le frapper.

Mais cette révélation, comme il arrive toujours, ne fit probablement que lui éclairer tout un travail obscur de germination qui s'était opérée en lui, sans qu'il en eût conscience. Flaubert enfant aimait passionnément le théâtre. A douze ans, il jouait la comédie dans le salon maternel. Or, il dut assister, comme tous les jeunes Rouennais d'alors, aux représentations qui se donnaient annuellement, à la foire de Saint-Romain, dans la baraque d'un imprésario ambulant resté fameux sous le nom de *Père saint Antoine*[1] et qui perpétuaient en plein XIXe siècle la tradition des « Mystères ». Sans doute, Flaubert en reçut une forte impression, — et ce qui le prouverait, au besoin, c'est que, bien avant son voyage en Italie, il écrivit un scénario intitulé *Smahr, vieux mystère*, et dont le principal personnage est un ermite tenté par Satan. Il est donc permis de conjecturer que *la Tentation*, comme le *Faust* de Gœthe, est sor-

---

1. Nous devons cette conjecture à M. Georges Dumesnil, qui, en sa qualité de Rouennais, a pu assister, lui aussi, aux représentations du Père saint Antoine.

tie directement du drame médiéval. Le sujet de Gœthe, c'est l'homme qui vend son âme au Diable ; celui de Flaubert, c'est l'homme qui ne veut pas la vendre, non plus, comme au moyen-âge, parce que c'est un péché, mais parce que c'est inutile !...

Néanmoins, si épris qu'il soit de ce sujet, il se défie d'abord de ses forces : « J'ai vu, — écrit-il de Milan à son ami Alfred Lepoittevin, — j'ai vu un tableau de Breughel... qui m'a fait penser à arranger pour le théâtre « la Tentation de saint Antoine », *mais cela demanderait un autre gaillard que moi* [1]. » Alors, il se rejette sur un projet de drame tiré de l'histoire corse et dont le héros eût été un certain Sampier Ornano, qui vivait vers 1560. Aussitôt rentré à Croisset, en juin 1845, il prie un de ses camarades, Ernest Chevalier, substitut à Calvi, de lui envoyer des documents sur son personnage [2].

Puis les deuils se succèdent dans sa famille. Il se lie vraisemblablement à cette époque avec Louise Colet. Des soucis, des préoccupations de toute sorte le détournent de ses projets littéraires.

---

1. *Correspondance*, Iʳᵉ série, p. 87.
2. *Id*, p. 93.

Il oublie Sampier Ornano, essaie, sans grand enthousiasme, d'améliorer l'ébauche de *l'Éducation sentimentale* et, finalement, revient à ce qu'il appellera plus tard sa « vieille toquade de saint Antoine ».

Il y revint avec des alternatives de découragement et d'exaltation. *La Tentation* le fascinait et l'épouvantait tout ensemble, et ce fut ainsi jusqu'à la fin, jusqu'au jour où il mit le point final au bas de la dernière page du manuscrit.

Dès le printemps de 1846, il se lance dans d'immenses lectures, sans but apparent, mais qui, toutes, gravitaient plus ou moins autour de l'antiquité gréco-latine et conduisaient par d'infinis détours à ce sujet brûlant de *Saint Antoine*, qu'il couvait toujours dans le secret de sa pensée.

Enfin il se décide, après deux ans d'un travail acharné, à peine interrompu par quelques fugues sentimentales et par un voyage en Bretagne. Dans sa solitude de Croisset, il s'était surchauffé l'imagination à un degré extraordinaire. Les textes l'avaient grisé, mais, bien plus encore, il était ivre de tous les appétits comprimés d'une jeunesse fougueuse (il avait vingt-sept ans), de tous les rêves tumultueux et superbes qui s'agitaient en lui. Ce fut le grand emballement. Il commença à écrire le 24 mai 1848[1] et il termina le mercredi 12 septembre 1849 : quinze mois et demi pour mettre debout une œuvre qui ne compte pas moins de 540 pages grand format ! Cela est prodigieux, quand on songe avec quelle difficulté et quelle lenteur il composa plus tard ses autres livres.

C'est aussi que nul autre ne lui tint plus au cœur. *Saint Antoine* fut au fond sa seule passion, l'affaire capitale de toute son existence. De même que les deux *Faust* reflètent à peu près toute la vie de Gœthe, de même les deux *Saint Antoine* sont comme un raccourci de la vie intellectuelle de Flaubert. A tout instant, il s'y remettait. Il retirait de leurs cartons les chers manuscrits, il s'enfermait avec eux pour les relire, il les corrigeait amoureusement, il en surchargeait les marges de notes au crayon. Dans ce milieu extravagant du Bas-Empire, il s'installait comme chez lui, il s'y reconnaissait, s'y chérissait dans l'exagération de ses qualités, de ses défauts et de ses manies. Cela

---

1. Ces dates sont fournies par le manuscrit de 1849. Sur la dernière page, Flaubert a écrit : « *Cy finit* la Tentation de saint Antoine. *Mercredi 12 septembre 1849, trois heures vingt de l'après-midi, temps de soleil et de vent. Commencé le mercredi 24 mai 1848, à trois heures un quart.* »

seul pouvait l'intéresser *personnellement*, et c'est à croire qu'à ses yeux tout le reste n'était que de la « littérature ».

« Jamais, — écrivait-il à madame Colet, — je ne retrouverai des éperduments de style comme je m'en suis donné là, pendant dix-huit mois. » En effet, aucune de ses compositions ultérieures ne fut enlevée avec une fougue, une ardeur pareilles, une spontanéité, une sincérité plus complètes, une sensibilité plus vibrante et plus fraîche. Il se précipita à corps perdu et l'âme en fête vers les horizons illimités de la légende et de l'histoire. Ce fut une chevauchée lyrique au grand galop, pour le seul plaisir d'aller, — une sorte de course au sublime. On s'en aperçoit, quand on compare le manuscrit de 1849 à celui de 1874. Autant l'écriture du dernier est menue, tâtillonne, difficultueuse, tourmentée de ratures, autant celle du premier est large, copieuse, et comme couchée d'un trait sur le papier. Les corrections elles-mêmes sont aussi lisibles que le texte, et l'aspect des pages donne une impression d'allégresse, de facilité, de légèreté de main qui réjouit les yeux.

Qu'advint-il de cette œuvre conçue et exécutée avec une telle ferveur? Nous le savons par les

Souvenirs littéraires de Maxime Du Camp. Flaubert, sitôt le *Saint Antoine* achevé, avait convoqué Du Camp et Bouilhet pour une lecture qui dura quatre jours consécutifs, sans autres répits que les heures des repas et du sommeil. En ouvrant son manuscrit, il leur aurait dit : « Si vous ne poussez pas des hurlements d'enthousiasme, c'est que rien n'est capable de vous émouvoir !... » Hélas ! ils ne hurlèrent point d'enthousiasme. Bouilhet, après en avoir conféré avec Du Camp, déclara brutalement à leur ami : « Nous pensons que tu dois jeter cela au feu ! » Sur quoi, Flaubert, écrasé, aurait poussé un véritable cri de douleur [1].

Et pourtant le verdict de Bouilhet est, en partie, justifiable.

Il est manifeste que Flaubert, en écrivant cette première ébauche, n'avait nullement songé au lecteur. D'un bout à l'autre, il se lâche en expansions lyriques, qui finissent par devenir fatigantes pour tout autre que pour lui. Outre les longueurs, et une composition assez difficile à démêler, il y avait des fautes de goût criantes, une grosse couleur romantique qui datait déjà, un manque d'équilibre

---

1. Cf. Maxime Du Camp, *Souvenirs littéraires*, I, pp. 427 et suiv.

choquant. Bref, le manuscrit, dans l'état, était impubliable. Mais le vouer au feu, c'était aller vraiment un peu loin. On s'étonne du jugement radical et, en somme, peu intelligent de Louis Bouilhet. Peut-être lui et Du Camp étaient-ils excédés par ces trente-six heures de lecture, peut-être encore la déclamation ronflante de Flaubert avait-elle exagéré jusqu'au ridicule les effets d'un style déjà très monté. Cela est plus que probable. Néanmoins les deux censeurs restent sans excuse de n'avoir pas senti la richesse et la fécondité de ce chaos, d'avoir condamné sans appel des morceaux absolument parfaits de facture comme l'épisode d'Hélène et de Simon le Magicien, celui d'Apollonius de Tyane, et combien d'autres !...

Quoi qu'il en soit, Flaubert, la mort dans l'âme, se rendit à leurs raisons. Il aurait même accepté de leurs mains — si l'on en croit Du Camp — le sujet de *Madame Bovary*, choisi tout exprès pour l'assagir. Cela se passait dans la seconde quinzaine de septembre 1849.

En octobre, Flaubert s'embarque pour l'Orient — où il voyage deux années de suite. De retour à Croisset, il s'attelle, en rechignant, à la *Bovary*, qui devint pour lui — il s'en est assez plaint ! —

le plus cruel des pensums. Cependant il lui demeurait une tristesse et une humiliation d'avoir manqué le *Saint Antoine*. Dès que la *Bovary* est « ficelée » — à la fin de mai 1856, — il se replonge avidement dans le manuscrit abandonné. Il travaille à le corriger avec un tel entrain que, pour le commencement d'octobre, il a complètement mis au point cette première ébauche, où il a pratiqué de larges coupures et dont il a refait des passages entiers. Il regarde son œuvre comme définitivement achevée, il en est même plus satisfait que du roman qu'il vient d'écrire et qui, à son avis, est « raté ». « — Ce qui me console, écrit-il à Bouilhet, c'est l'espoir que *Saint Antoine* a maintenant un plan. *Cela me semble beaucoup plus sur ses pieds que la Bovary* [1]. » Et il est bien décidé à publier *la Tentation* à un intervalle raisonnable de son roman. Il la recopie entièrement sur beau papier. Le manuscrit est tout prêt pour l'impression.

Mais voilà que la *Bovary* lui attire une poursuite en correctionnelle. Il voit de fort près la prison, et c'est, dans Rouen, un scandale épouvantable.

----

1. *Correspondance*, t. III, p. 65.

Quoiqu'il affecte des airs braves, l'avertissement lui donne tout de même à réfléchir. Il fait son examen de conscience et découvre avec effroi que *Saint Antoine* va être jugé une récidive aggravante de *Madame Bovary*. Un Pinard quelconque n'aurait, entre une foule de passages compromettants, que l'embarras du choix, pour étayer ses accusations d'immoralité et d'attaques contre la religion. C'eût été bien plus facile et bien plus accablant que pour le premier livre incriminé... Avouons-le, l'échappé de la correctionnelle préféra son repos aux tracasseries et aux poursuites qu'il pressentait. *Saint Antoine* fut ajourné à une époque plus clémente, — et le pauvre Flaubert en demeura, quelque temps, tout désemparé. Au plus fort de cette crise, il écrit à Maurice Schlesinger : « C'est à tel point que j'hésite à mettre mon roman en volume. J'ai envie de rentrer et pour toujours dans la solitude et le mutisme dont je suis sorti, de ne rien publier, pour ne plus faire parler de moi. Car il me paraît impossible, par le temps qui court, de rien dire : l'hypocrisie sociale est tellement féroce !... Les gens du monde les mieux disposés pour moi me trouvent *immoral*, *impie*. Je ferais bien à l'avenir de ne pas dire ceci, cela, de prendre garde, etc., etc. *Ah! comme je suis embêté, cher ami!...* Je ne vois rien, en fouillant mon malheureux cerveau, qui ne soit répréhensible. *Ce que j'allais publier après mon roman, à savoir un livre qui m'a demandé plusieurs années de recherches et d'études arides, me ferait aller au bagne!* Et tous mes autres plans ont des inconvénients pareils. Comprenez-vous maintenant l'état facétieux où je me trouve [1]?... »

Les termes de cette lettre sont assez explicites, il me semble. Le livre qu'il *allait publier après son roman*, ce livre qui lui avait coûté « plusieurs années de recherches et d'études arides », c'est, à n'en pas douter, le *Saint Antoine*, — qu'il avait recopié tout exprès, dont il était enchanté, au point de le préférer à *Madame Bovary*. Sans le hasard du procès, nous n'aurions pas d'autre version du *Saint Antoine* que celle-là, celle qu'il avait composée en 1849, puis revue et corrigée en 1856, — celle précisément que nous avons donnée au public.

---

1. *Correspondance*, t. III, pp. 77-78. — Dans une autre lettre à M. Schlesinger, il dit expressément : « *J'avais un volume tout prêt à paraître. Mais la rigueur des temps me force à en ajourner indéfiniment la publication.* » (*Ibid.*, p. 82.)

Cependant Flaubert ne se résigna point tout à fait à « enterrer » *la Tentation*. Cette même année 1857, qui fut celle du procès, il en fit paraître dans *l'Artiste*, alors dirigé par son ami Gautier, plusieurs fragments très importants : le festin de Nabuchodonosor, l'arrivée de la Reine de Saba, Apollonius de Tyane, le Sphinx et la Chimère, les Bêtes fabuleuses, la Courtisane Démonassa. L'accueil ne paraît pas avoir été très chaleureux, et, comme personne ne témoignait le désir de voir le reste, Flaubert se le tint décidément pour dit. Le manuscrit de *Saint Antoine* dormit [1] douze ans dans ses cartons, jusqu'en 1869, après l'achèvement de *l'Éducation sentimentale*.

Il se dédommagea de ce contre-temps et de ces mécomptes en déversant dans *Salammbô* la fureur lyrique qui l'oppressait. A tout prix, il voulait sortir du monde moderne qui — disait-il, — lui « puait étrangement au nez », et, comme il ne pouvait s'en évader par Alexandrie et la Thébaïde, il se réfugia dans Carthage. Cette Carthage du

---

1. Il ne faudrait pas prendre cette expression au pied de la lettre. Dans l'intervalle de 1857 à 1869, Flaubert revit maintes fois son manuscrit et ses brouillons, — comme nous l'avons dit plus haut.

IIIe siècle, c'était encore l'antiquité et c'était encore l'Afrique. Or, Flaubert aimait passionnément l'une et l'autre.

★
★ ★

On comprend maintenant le cas de conscience qui s'est posé pour madame Grout et pour moi, lorsqu'il s'est agi de publier le manuscrit de la première *Tentation*.

Évidemment, cette version est celle qui aurait dû paraître. C'est une œuvre terminée, revue avec soin par l'auteur, alors qu'il était dans toute la maturité de son génie. Mais, d'autre part, il est trop certain que, douze ans plus tard, elle ne le satisfit plus, puisqu'il estima nécessaire de la remanier totalement, pour en tirer la version que nous possédons depuis 1874. Publier celle de 1856, n'était-ce point aller contre sa volonté formelle?

Notons d'abord que Flaubert, — homme de tous les scrupules et dont la vie se passa à douter de lui-même, — Flaubert n'aurait pas été plus content de la dernière version, s'il avait eu le loisir ou la fantaisie de la reprendre en détail. En octobre 1856, il était persuadé que le *Saint Antoine* première manière avait un plan solide et qu'il était enfin « sur ses pieds [1] ». L'année suivante, revirement complet : le plan ne tient pas, la personnalité du saint est inconsistante, bref, c'est manqué encore une fois [2]. Il est évident qu'en 1874 le plan n'était guère meilleur et que la psychologie du personnage central restait aussi nébuleuse. Qui sait ce qu'eût fait Flaubert par la suite, si *la Tentation*, pour une cause ou pour une autre, fût rentrée de nouveau dans ses tiroirs [3]... ?

Mais n'abusons pas de cet argument qui, en somme, est extérieur au débat.

Admettons que ce premier manuscrit soit très inférieur au dernier, que Flaubert l'ait absolument désavoué (ce que nous ne savons pas). Nous sera-t-il interdit de faire pour lui ce qu'on a fait pour tant d'autres écrivains, dont on a recueilli pieusement les moindres épaves? Mais il ne s'agit point d'un fragment quelconque, n'ayant qu'une valeur documentaire. Nous ne saurions trop le répéter :

---

1. *Correspondance*, t. III, p. 65.

2. *Id.*, t. III, p. 110.

3. Maxime Du Camp affirme positivement ce que nous ne faisons qu'insinuer ici. A propos de Flaubert et de *la Tentation* de 1874 on lit dans les *Souvenirs littéraires*, p. 435 : « Il nous a avoué depuis qu'il regrettait de n'avoir pas suivi notre conseil et de n'avoir pas gardé son travail en portefeuille. »

c'est un ouvrage original, dont la version de 1874 n'est qu'une réplique, — plus parfaite peut-être, — mais enfin une réplique. Dans ce cas, n'y a-t-il pas un haut intérêt littéraire à pouvoir comparer les deux formes, à suivre la pensée du maître à travers ses évolutions, à assister, pour ainsi dire, phrase par phrase, au travail passionné et méticuleux du styliste admirable que fut Gustave Flaubert ?

Ajoutons qu'il y a, dans cette première version, des « morceaux » entiers qui ne devaient point périr, qui dureront certainement autant que la langue et dont la beauté est au moins égale à celle de *la Tentation* définitive. Et puis enfin, cette œuvre de jeunesse — bonne ou mauvaise — nous révèle à plein une nature d'homme et d'artiste que nous ne faisions que deviner à travers sa correspondance. Ceux qui ont gémi sur l'acharnement de Flaubert à comprimer et à cacher son vrai « moi » seront peut-être heureux de le trouver ici plus étalé et plus à découvert. Chez lui, le fond originel était extrêmement riche. Il faut le reconnaître, à mesure qu'il vieillissait, son esprit s'est sans doute affermi dans ses tendances les plus sérieuses et les plus positives, mais bien des idées et

des sentiments qui furent familiers à Flaubert ado-
lescent — un certain mysticisme même — ont totalement disparu chez l'ironiste morose qui écrivit
Bouvard et Pécuchet.

Et ainsi le *Saint Antoine* que nous avons publié
n'est point une simple variante de l'autre. C'est,
dans son fond, une chose très différente, comme
on va le voir.

Dans les deux *Tentations*, le personnage principal est le même. Bon nombre de personnages ac-
cessoires et, çà et là, des épisodes entiers figurent
également dans la première et la seconde. Et cependant, malgré toutes ces analogies, les deux
versions n'ont, pour ainsi dire, de commun que le
titre.

Il ne faut pas oublier qu'il y a entre elles un intervalle de vingt ans. Cela explique presque tout.
Le Flaubert de 1874 n'avait plus la jeunesse d'imagination et de sentiment, la ferveur, l'exubérance
créatrice du Flaubert de 1849. Il avait laissé en
route bien des illusions, des préjugés, des engoue-
ments juvéniles, mais, quand il s'interrogeait, il

s'avouait que le meilleur de lui, c'était le romantique qu'il avait été et qui — en dépit de tous ses efforts pour l'extirper — continuait toujours à vivre au fond de son cœur.

Or, le romantique déborde dans le premier *Saint Antoine*. On le reconnaît à une certaine rhétorique redondante et truculente, dont Flaubert ne perdit jamais complètement l'habitude, à la violence de la couleur, au lyrisme échevelé, au mélange du sérieux et du grotesque, à l'emploi fréquent de l'antithèse. Toute *la Tentation* primitive repose sur l'antithèse de l'Ascète et du Cochon, — l'un symbolisant la bassesse de l'instinct dans l'homme, le penchant originel vers l'ignoble ; l'autre exprimant la part divine de l'âme et de l'intelligence.

Enfin, comme chez les prosateurs romantiques, les métaphores, les comparaisons poétiques abondent. Plus que quiconque, Flaubert pourrait s'appeler « l'Imaginifique ». A la longue, on trouve qu'il abuse, et cette création perpétuelle d'images finit par sembler un jeu trop facile. Il y a même une foule de passages qui, par le mouvement, le rythme, l'éclat du style, la luxuriance du détail pittoresque, s'assimilent plutôt à un développement en vers qu'à un paragraphe de prose. Le couplet de la Mort qui commence ainsi : « Où sont-elles maintenant, toutes les femmes qui furent aimées?... » rappelle la manière de Victor Hugo dans *les Feuilles d'automne* et *les Chants du crépuscule*. C'est le grand lieu commun lyrique, tel qu'on le traitait aux environs de 1830.

La Tentation de 1874 est d'un style bien plus serré, bien plus travaillé, mais aussi plus sec et plus froid. Entre cette date et celle de la première version, les Parnassiens ont établi leur discipline, et cela se sent à la surveillance jalouse que l'auteur exerce constamment sur lui-même, à la répression impitoyable de tous les écarts de plume ou d'imagination et, pour tout dire, à une sorte de perfection un peu glacée qui donne sans doute à l'œuvre une incomparable valeur d'art, mais qui lui ôte la spontanéité et la bonhomie de l'inspiration naïve.

Ces différences de forme sont encore bien superficielles. En voici de plus profondes. Le *Saint Antoine* de 1874 est une œuvre strictement *objective* et *impersonnelle* : c'est le contraire pour le premier. On pourrait assez bien le définir : une confession personnelle coulée dans le moule d'une moralité du moyen-âge. Et, en effet, Flaubert —

qu'il en ait eu conscience ou non — s'est substitué à son personnage[1]. Il se raconte et s'analyse à la place de saint Antoine : c'est lui qui parle, le plus souvent, par la bouche du solitaire ; et quand on connaît un peu les événements de sa vie intime, on les trouve sans peine mêlés à la trame de la fiction. Il n'est que de comparer certaines phrases de la *Correspondance* à certaines phrases du *Saint Antoine*, pour deviner dans celles-ci l'écho plus ou moins amplifié de celles-là.

D'abord (le sujet l'y conviait), Flaubert a mis, dans cette confession déguisée, ses propres « tentations », ses convoitises qui furent *énormes*, pour employer son mot favori. Lui-même s'en vantait : « Aurai-je eu des envies, moi !... et de piètres[2]. » Ses amis le plaisantaient de s'exciter sans cesse sur des jouissances ou des entreprises impossibles, et la grand'mère de Maxime Du Camp lui appliquait le dicton trivial : « Plus grands yeux que grand ventre ! »

Il est, du moins, certain que personne, dans no-

---

1. Il écrivait à madame Colet : « J'ai été moi-même, dans *Saint Antoine*, le saint Antoine. » (*Correspondance*, t. II, p. 73)

2. *Correspondance*, t. III, p. 49.

tre littérature, n'a aussi fortement exprimé la frénésie du désir. Toutes les ressources de son imagination s'épuisaient à faire resplendir l'objet convoité. Son tempérament d'ailleurs était assez généreux pour justifier tous les appétits et tous les emportements de la passion, et, lorsqu'il nous affirme que, seul, le sentiment de la Beauté l'a retenu sur la pente des désordres, nous pouvons l'en croire sur parole. Il se ruait, d'un élan fou, vers l'image fascinante des félicités ; puis, tout à coup, cette fièvre tombait, il reculait devant le néant, soudainement entrevu, des apparences tentatrices.

Et ainsi personne encore n'a plus tragiquement dénoncé, avec l'hystérie romantique, la vanité du Désir. Toutes les choses du monde sont plus ou moins désirables, mais toutes sont également vaines. Flaubert aboutit par là à un nihilisme moral qui embrasse non seulement toutes les passions, mais toutes les formes de l'activité humaine, aussi bien les désintéressées que les plus égoïstes : duperie, la recherche de la gloire ; duperie, le dévouement ; duperie, la vertu ; duperie, la sainteté même ! Le bouddhisme, dans les pires excès de son ataraxie, n'a jamais été si loin...

On sait comment il se résigna, comment il accepta de tourner, sans illusions, « la meule de la vie ». Mais ce que l'on sait moins, ce que l'on comprendra mieux, en lisant les pages qui vont suivre, c'est qu'à l'exemple de son saint bien-aimé il chercha souvent une consolation et une volupté étranges à caresser en esprit les tentations, même jugées décevantes et coupables. Les casuistes et les théologiens ont donné à cette manie le nom de *delectatio morosa*. Se complaire à l'évocation insistante et vaine de plaisirs illusoires, c'est le péché intellectuel dans toute sa malice, — c'est se courber amoureusement sur le vide sans fond, avec la pleine conscience que c'est le vide. Le vertige vous gagne, l'âme défaillante sombre dans la désespérance, — et c'est une incurable folie. A peine terrassée, la pensée perverse revient rôder, plus éperdue et plus avide que jamais, autour du gouffre défendu. Flaubert a raconté avec une terrible éloquence ces affres du désir sans espoir : « Les péchés sont dans ton cœur, — dit le diable à l'ermite, — et la désolation roule dans ta tête ! » Pour les possédés de la concupiscence intellectuelle, la réalité extérieure du péché est inutile : le mal et l'enfer sont en eux.

Sans doute, les lecteurs non avertis du premier *Saint Antoine* distingueront malaisément dans les divagations du saint la voix propre de l'auteur. Elle y est pourtant ! Les hallucinations qu'il prête au solitaire sont les visions habituelles dont il s'enchantait et se désespérait. A la lettre, il fut amoureux, lui aussi, de la reine de Saba, il aurait voulu manger à la table de Nabuchodonosor, assister aux fêtes de Néron, se pencher entre les flambeaux des festins pour voir passer la danse de Phryné...

Avec les désirs nostalgiques qui le dévoraient, il a déversé dans *la Tentation* toutes ses idées d'alors, — même ses idées littéraires. Le *Chant des Poètes et des Baladins* est non seulement la profession de foi romantique la plus complète qu'il ait écrite, mais la profession de ses goûts à lui, de ses bizarreries les plus singulières. Il y affirme son amour du faux et du clinquant, où il découvre on ne sait quelle poésie dérisoire et navrante : « Les perruques sont aussi gentilles que les chevelures.. les maillots roses valent les cuisses blanches... les appas de coton excitent à l'adultère !... » Et il est tout près de penser que l'écrivain doit être une espèce de saltimbanque affublé d'oripeaux et tout chatoyant de paillettes, qui gesticule et qui braille devant une baraque de foire. La souffrance elle-même doit se maquiller et grossir ses traits, se draper et prendre des poses théâtrales, lorsqu'elle se montre en public : « O poète, cache ta douleur sous des phrases d'une mélancolie pompeuse, comme les paysans de la Thébaïde qui bouchent les trous de leurs cabanes avec des planches de cercueils peints [1] ! »

Quelle contradiction déconcertante ! L'insincérité dans l'art élevée à la hauteur d'un dogme par un homme qui fut la sincérité et la probité mêmes dans son œuvre comme dans sa vie ! Flaubert a grossi ce paradoxe à plaisir. Mais qui ne sent qu'il y a là tout de même une part de vérité ? Paillons et pierres fausses ne font que souligner plus lamentablement le luxe véritable, la grotesque impuissance de notre effort vers la splendeur et la beauté. L'art le plus assoiffé de vérité échoue tristement devant l'expression des réalités les plus immédiates, celles qui sont le plus près de notre cœur. Il altère, malgré lui, jusqu'au cri de la dou-

---

1. Ces lignes ne figurent point dans les manuscrits. Nous les avons trouvées sur une chemise contenant les brouillons du *Saint Antoine.*

leur qui, pour être vraie, doit rester muette. C'est
une erreur de dire :

Les chants désespérés sont les chants les plus beaux
Et j'en sais d'immortels qui sont de purs sanglots.

Les sanglots et les larmes, comme les extases
et les joies, ne peuvent passer dans l'art qu'à la
condition de se forcer et de mentir.

N'insistons point. La *Tentation* regorge d'idées,
celles-là moins artificielles et moins voulues. Les
unes sont bien à lui, elles tiennent au plus intime
de sa nature d'artiste; les autres, — comme il arrive toujours chez les jeunes gens qui écrivent, —
lui viennent d'ailleurs et se sont imposées à sa
mémoire.

De tous les maîtres de sa pensée, c'est Spinoza
qui lui a le plus fourni. On peut dire que la première *Tentation* est tout imprégnée de l'*Éthique*.
Et même nous ne connaissons pas, en français,
d'exposé plus pénétrant ni plus éloquent des vérités essentielles du spinozisme que ce beau dialogue entre le diable et saint Antoine, qui ouvre la
troisième partie. Jusque dans la forme et dans
l'agencement des scènes, il semble qu'on distingue encore une influence lointaine de la méthode

spinoziste. Les visions de l'ascète se déroulent, s'engendrent et se détruisent les unes les autres, à la façon des modes, dans la Substance.

Pour Flaubert comme pour Spinoza, l'Univers se réduit à un jeu d'apparences, mais ces apparences sont réglées par un déterminisme qui exclut l'intervention du miracle et de la liberté humaine. Ce que nous appelons le Mal est aussi nécessaire que le Bien : il procède de la même cause et se manifeste selon les même lois. Il naît, évolue et disparaît en vertu d'un ordre aussi inflexible que son contraire. Le meilleur n'a pas plus de raisons pour prolonger son existence que le pire. Toutes les civilisations, toutes les religions, — bonnes ou mauvaises, indistinctement, — ont subi le destin de la destruction inévitable. Le christianisme aussi mourra...

Et nous voici au centre du sujet. Comme dans une moralité du moyen-âge, le sujet du *Saint Antoine*, c'est, d'une façon générale, le triomphe de la Foi sur l'Erreur, du Vice sur la Vertu, et, d'une façon particulière, le triomphe problématique, le salut d'une âme. Malgré les tentations, les suggestions dissolvantes qui l'assaillent, l'ermite sera-t-il sauvé ?

En réalité, Flaubert n'a pas donné de réponse à la question, ni de dénouement à son drame. Il n'en a pas donné, parce que sa pensée est plus radicale que celle de Spinoza. Lui, il est un sceptique absolu. Tandis que Spinoza croit à la science, — à l'avenir de la science, — Flaubert s'en défie comme de tous les systèmes, comme de toutes les explications possibles de l'Univers. Il met sur ses lèvres cet aveu d'humilité en présence de l'Orgueil : « Si tu savais comme je suis malade et quels bourdonnements j'ai dans la tête !... Pourquoi, ô mère, toutes ces écritures que j'épèle ?... Le vent, parfois, éteint mon flambeau, — et alors je reste seul pleurant dans les ténèbres !... (*Se penchant à son oreille :*) Et puis j'ai peur ! Car je vois passer sur les murs comme des ombres vagues qui m'épouvantent !... » Ces « ombres vagues », c'est tout l'Inconnu formidable qui échappera éternellement aux prises de la Science, et qui l'inquiète, malgré sa volonté d'ignorer le Mystère.

Flaubert ne croit pas davantage à la Raison : « Si c'était l'absurde, au contraire, qui fût le vrai ?... » dit le diable à saint Antoine.

Et ainsi son livre n'a pas de conclusion. Il s'est interdit de conclure, car c'était là, chez lui, un principe absolu. L'artiste, dans son œuvre, doit être comme Dieu dans la création. Mais Dieu n'a jamais conclu, Dieu n'a pas révélé son dernier mot. En conséquence, l'artiste se bornera à dessiner en toute conscience les formes qui passent sous ses yeux — en d'autres termes : — à *représenter*.

L'artiste moderne représentera donc ce qu'il voit, ce qu'il pressent. Or, Flaubert, en regardant l'humanité, constate que tout ce qui fut réputé le Mal, l'Erreur et la Laideur aux siècles de Foi, d'Héroïsme et de Beauté, est en train de s'épanouir sur la face du monde... Dans le langage toujours un peu débraillé de sa correspondance ou de sa conversation, il divisait sommairement l'histoire en trois grandes périodes : « paganisme, — christianisme, — *muflisme !* » Nous voici à la troisième étape. Le délire de la science produit dans les cerveaux débiles de la masse une stupidité et une intolérance cent fois pires que les dogmatismes les plus étroits du passé. L'homme, dans la démence de sa vanité, se fait le centre des choses, — il s'adore lui-même, et l'abjection de son égoïsme va le ravaler au niveau de la brute. La folie dégradante de l'égalité tue les aristocraties naturelles. Les hautes facultés qui élaboraient autrefois la culture, qui portaient la raison et la beauté comme des fruits délicats et rares, — ces facultés s'abâtardissent au contact déprimant des médiocres et des imbéciles. « Les dieux sont morts, mais Babel recommence ! L'Antéchrist va venir !... »

Est-ce à dire que cette vue pessimiste soit le dernier terme où se repose la pensée de Flaubert ? Il est trop spinoziste pour cela. Le monde ne s'arrête jamais, rien n'est définitif ici-bas ! La substance éternelle continue à créer sans but et sans fin, les modes recommencent perpétuellement leurs évolutions. Ce qui a été sera, et peut-être que l'humanité, après avoir traversé toutes les phases du doute et de l'impiété, en viendra, comme saint Antoine, à « se remettre en prières ».

Cet aperçu final manque dans *la Tentation* de 1874, et la discipline de l'idée maîtresse, comme la progression du développement, y est aussi moins sensible. Mais ce qui en est tout à fait absent, ce qui distingue, en revanche, le premier *Saint Antoine*, c'est l'accent religieux.

Évidemment, cette élimination de tout élément mystique dans la seconde version fut préméditée.

Dans son œuvre remaniée, Flaubert s'est placé, comme Renan, au seul point de vue de la critique historique. Il ne s'efforce pas simplement de rester neutre dans le débat, on sent trop qu'à cette date son cœur, non plus que sa raison, n'est avec l'anachorète. Certes, il ne fut jamais, à aucune époque de sa vie, ce qui s'appelle un homme religieux. Sa piété d'enfant ne paraît pas avoir été bien fervente. L'exemple de sa famille, de sa mère elle-même, élevée dans l'incrédulité du xviii* siècle, ne le poussait guère à la religion. Mais ses lectures assidues des Pères de l'Église et des hagiographes entretinrent en lui une sorte de sympathie fraternelle pour tous les solitaires et pour tous les héros de la vie intérieure. L'austérité presque monacale de son existence le rapprochait d'eux. Comme eux encore, le penchant le plus vif de sa nature le portait à la contemplation. Ces dispositions — nous le savons par sa nièce — persistèrent en lui jusqu'à la veille de sa mort. Mais chez le jeune écrivain du premier *Saint Antoine*, il y avait quelque chose de plus. Était-ce l'influence du néo-catholicisme qui flottait, pour ainsi dire, dans l'air de ce temps-là, ou bien sa sensibilité encore neuve s'ouvrait-elle plus facilement aux émotions religieuses? Toujours est-il que dans le premier *Saint Antoine* — bien loin de s'attacher exclusivement, comme dans l'autre, aux contradictions et aux absurdités des dogmes, — il a permis à la foi de l'ascète de parler son vrai langage. La spiritualité chrétienne s'y traduit avec une réelle élévation et, parfois, avec une profondeur et une subtilité qui surprennent chez un laïque. Pour bien saisir jusqu'à quel point il avait pénétré les finesses de la psychologie mystique, qu'on nous permette de citer cette note que nous avons recueillie dans ses papiers et qui éclaire d'un jour singulier certaines étrangetés de son personnage :

« *Gradation du caractère de saint Antoine :* L'état de perfection, la véritable orthodoxie, le premier degré de la sainteté, c'est d'arriver à ne plus être capable ni de pécher ni de mériter : on devient une chose, la chose de Dieu. Il nous éprouve : on le met presque au défi de vous faire crier, tant on est endurci contre toute souffrance humaine, physique ou morale. Il peut aller jusqu'à vous ôter la foi comme une trop grande compensation et une trop vive jouissance. On se résigne, on se passe de foi, *on devient stupide tant que dure l'épreuve.* Mais, pour subir sans péril cette épreuve décisive, il faut avoir si bien détruit en soi le goût et la faculté de pécher que Satan ne puisse rien contre vous. C'est la victoire de saint Antoine, c'est un nouveau degré de sainteté [1]. »

Ainsi s'explique cette note jetée par Flaubert sur un de ses brouillons : « *Ton général d'abrutissement, d'idiotisme et de fatigue* de la part de saint Antoine, rehaussé par sa colère aigre, à la fin, quand il chasse la Logique... » Il était indispensable, croyons-nous, de souligner ces indications, pour justifier la dépression, l'aplatissement du saint, et, en fin de compte, l'attitude passive qu'il garde depuis le début de *la Tentation :* saint Antoine est devenu *une chose, la chose de Dieu !...*

Flaubert s'est donc efforcé de donner un caractère bien défini à son héros. Il n'y a réussi qu'à moitié, puisque son œuvre est plutôt subjective et

_____

1. Cette note n'est qu'une citation empruntée à un roman de G. Sand : *Mademoiselle de la Quintinie* (voir p. 256), qui parut en 1863. Ceci nous prouve, une fois de plus, que Flaubert ne cessait de penser à son *Saint Antoine*, même alors qu'il était occupé ailleurs. En revanche, l'autre note que nous reproduisons semble contemporaine de la toute première version de 1849. Or, elle dit déjà tout l'essentiel de la précédente. Flaubert n'aura vu, en 1863, dans le passage de G. Sand, qu'une confirmation inattendue et singulièrement précise de sa propre pensée.

que, presque partout, on devine l'auteur derrière son personnage.

Au fond, il n'a voulu ni peindre un anachorète égyptien du IVe siècle, ni se raconter lui-même. Son dessein était beaucoup plus vaste. Il voulait, dans le raccourci d'une légende, figurer l'évolution de l'humanité tout entière. De là vient que le premier *Saint Antoine* a un caractère surtout symbolique, tandis que l'autre est surtout historique et critique. On dirait que, dans le dernier, il a limité sa tâche à reproduire la crise intellectuelle et morale qui a bouleversé l'âme antique, durant les derniers jours du paganisme. Aussi, la couleur locale y est-elle scrupuleusement observée. Il n'y a pas un seul détail de mœurs ou d'archéologie qui ne puisse convenir à l'époque où se place l'action. Au contraire, dans la première version, nous sautons continuellement du passé le plus lointain à la réalité la plus contemporaine.

Pour toutes ces raisons, parce que le premier *Saint Antoine* est un drame symbolique, une moralité élargie et transformée par la grande imagination de Flaubert, les qualités dramatiques y sont aussi plus apparentes que dans la version de 1874.

D'abord, l'auteur — on se le rappelle — avait songé à adapter au théâtre cette légende de saint Antoine. Il y renonça forcément. Mais dans l'exécution du livre, ses intentions primitives se trahissent. Les répliques se succèdent, s'entre-choquent, avec toute la vivacité du dialogue naturel, et souvent elles visent à « l'effet » scénique. Un grand nombre de tirades sont filées comme de véritables couplets dramatiques, ponctuées de reprises et terminées par la phrase sonore qui enlève les applaudissements. Enfin, il y a au moins une apparence d'action, une action qui, sans être extrêmement mouvementée, nous paraît cependant mieux conduite que dans la dernière version.

D'abord, les Péchés commencent à tenter doucement l'anachorète, à insinuer en lui des appétits de jouissance ; ce qui l'amène à souhaiter, pour la sécurité de sa conscience, que la religion soit fausse. Il a des doutes sur le fond même du christianisme, sur la Bible et le Nouveau Testament. Puis, l'Esprit du mal lui montre ces doutes en quelque sorte incarnés et réalisés dans les hérésies. En dernier lieu, il lui fait voir de faux prophètes aussi séduisants que les vrais : Simon le Magicien, Ennoïa, Apollonius de Tyane... Profitant de ce désarroi de sa pensée, les Péchés reviennent à la rescousse, il les repousse par orgueil. L'ermite se renferme dans sa chapelle, entre les trois Vertus théologales. Et c'est le premier acte du drame.

Au début du second, les Péchés reprochent à l'Orgueil de leur avoir dérobé leur proie. Avec son aide et celle de la Science, ils concertent une nouvelle attaque, ils tentent le saint, — directement cette fois, en matérialisant leurs tentations, — et ils font passer sous ses yeux la courtisane Démonassa, Thamar l'impudique, Diane chasseresse et ses nymphes... Ils le transportent au festin de Nabuchodonosor, ils lui amènent la reine de Saba environnée de toute la pompe fastueuse et puérile des Orientaux et, après avoir épuisé les splendeurs de la Fable et de l'Histoire, ils le jettent en face de la Nature avec toutes ses bêtes, imaginaires et réelles, avec les myriades de vies infinitésimales qui grouillent en elle... Nous sommes au point culminant de la tentation : l'ascète est gagné par le vertige de la Science.

Le troisième acte commence : Le Diable ayant satisfait saint Antoine, dans sa curiosité du savoir, lui en montre la vanité. Que faire après cela?...

Mourir? ou bien jouir, vivre de la vie des brutes?... Mais la Mort et la Volupté sont également mensongères. En dépit de leurs sollicitations, de tous les mirages qu'elles excitent autour du saint, il les repousse l'une et l'autre. Dans l'état de prostration et d'inertie intellectuelle où il est arrivé, un seul obstacle, — bien débile, — peut l'empêcher encore de se donner au Diable: une crainte obscure de l'au-delà, une vague terreur religieuse... Mais les religions sont vaines comme le reste: tous les dieux défilent devant le solitaire pour témoigner de leur néant. L'avènement de l'Antéchrist est proche. Est-ce la fin?... Non! Le soleil réapparaît tout à coup, dissipant les ténèbres hallucinatoires de la nuit. La vérité pure resplendit dans le cœur de l'ascète, comme la lumière matinale dans ses yeux... Le Diable, cependant, ne s'avoue point vaincu: « Je reviendrai! » — dit-il à l'ermite; — et, tandis que celui-ci s'agenouille pour rendre grâces à Dieu, la toile tombe sur un ricanement satanique qui se perd dans le lointain...

Telle est, dans son développement primitif, cette œuvre inégale et puissante. Il n'est pas bien sûr qu'elle recueille aujourd'hui plus de sympathies qu'en 1849 ou en 1874. Le bon Flaubert l'avouait lui-même, non sans un certain orgueil : « J'ai le don — disait-il — d'ahurir la critique. »

Et pourtant, ce premier *Saint Antoine* est peut-être l'expression la plus parfaite que le pur romantisme ait laissée de lui-même. Le mal du siècle atteint là son paroxysme. Ni les Hugo, ni les Lamartine, ni même les Vigny et les Baudelaire ne sont descendus aussi avant dans le doute et le désespoir et ils n'en ont point fourni des raisons aussi fortement déduites. Si même on n'y tient compte que de la reconstitution historique et de la couleur locale, nous ne croyons pas non plus que l'œuvre de Flaubert ait été dépassée. Or, elle est antérieure de plusieurs années à *la Légende des siècles* et aux *Poèmes antiques*.

Enfin, quand elle n'aurait pas ces mérites, elle se rachèterait encore par le style. On découvrira peut-être dans les morceaux que nous avons publiés de nouveaux motifs de l'admirer et l'on s'apercevra que tout n'a pas été dit sur la virtuosité prodigieuse de Flaubert. Il reste, au moins, un des plus grands rhéteurs — sinon le plus grand — de notre langue.

Désormais, cette rhétorique si calculée, si sûre

d'elle-même, apparaîtra, à ses débuts, comme l'instinct naïf et intempérant, comme l'ivresse verbale
d'un très jeune artiste qui se réjouit de beaux sons.
Ses dévots, ceux qui le lisent à haute voix, savent
déjà quelle volupté intellectuelle, quelle délectation
physique suscite en eux l'orchestration éclatante
et subtile de ses périodes. Ils sauront maintenant
que cet incomparable musicien en prose ne l'emporte pas seulement par des qualités de splendeur
et de force, mais qu'il a connu aussi les demi-teintes, les suavités lamartiniennes, le charme des syl-
labes fuyantes et évocatrices. Telles chutes de
phrases vous obsèdent comme des fins de vers, ou
des accords musicaux qui s'évanouissent en de longues résonances.

— *Et le port, où l'on se promène les soirs...*
— *Et les reines qui se faisaient, au clair de lune, porter
près des fontaines...*
— *La Juive, en inquiétude, qui cherche son messie...*
— *Et, perdu dans l'ombre, le monde, en bas, aurait passé
sans bruit...*
— *A tous les carrefours de l'âme, ô Luxure, on retrouve
ta chanson, et tu passes au bout des idées, comme la courtisane au bout des rues...*

Mais il y a autre chose que le style dans l'œuvre
que voici : il y a Flaubert lui-même. Ceux qui l'ai-

ment se réjouiront avec nous, en saluant la première *Tentation* ressuscitée, parce que ce livre de jeunesse fut vraiment l'œuvre d'amour, où il s'est donné tout entier.

P.-S. — On m'a reproché d'avoir intitulé cette version la *première*, alors, dit-on, que c'est en réalité la *seconde*. J'avais adopté cette dénomination parce que la version de 1856 n'est en somme que la première, celle de 1849, élaguée et corrigée : l'esprit, la composition y sont identiques. Ces deux versions s'opposent nettement par là, — par l'inspiration et l'ordonnance, — à la rédaction définitive de 1874. Pour moi, il y a *deux* « Tentations de saint Antoine », celle de 1849, revue et corrigée en 1856, — et celle de 1874, qui est une œuvre nouvelle sur le même sujet. — Mais pour éviter toute confusion, je ne vois aucune difficulté à ce qu'on distingue les différentes *Tentations de saint Antoine* par leurs dates respectives : version de 1849, version de 1856, version de 1874.

V

UN SCRUPULE RELIGIEUX DE FLAUBERT

Il existe un morceau inédit de Flaubert que j'ai reproduit à la fin de mon édition de la première *Tentation de saint Antoine*, et qui ne figure point dans l'édition Conard. Il a sûrement appartenu à la rédaction définitive de 1874. Ce qui le prouverait, c'est, outre l'écriture du manuscrit, la présence d'un nouveau personnage, Hilarion, qui ne se trouve pas dans les deux premières versions, tandis qu'il joue un rôle important dans la dernière.

Flaubert y décrit, avec une singulière et tragique beauté, une agonie de Jésus dans les rues du Paris moderne.

Ce fragment a une histoire, qui vaut la peine

d'être contée, parce qu'elle nous révèle, chez le grand honnête homme que fut Flaubert, des scrupules dont les gens de lettres d'aujourd'hui ne sont guère coutumiers.

Quelques mots d'abord sur cet épisode inédit :

Tous les dieux morts viennent de défiler devant l'anachorète, depuis les idoles préhistoriques jusqu'aux Olympiens et au Dieu d'Israël... Le ciel s'obscurcit, les ténèbres deviennent de plus en plus profondes... Tout à coup, elles s'entr'ouvrent, — une ville apparaît, énorme, tumultueuse, avec d'immenses avenues toutes droites, des cheminées d'usines qui fument, des ponts en fer, des canaux chargés d'immondices. — des foules affairées et silencieuses. Et voici qu'au milieu de ces foules l'Ermite aperçoit Jésus, — les cheveux tout blancs, la taille courbée et succombant sous le faix de sa croix... On s'attroupe autour de lui ; on le hue ; on l'insulte ; quelques-uns le frappent et lui crachent au visage. C'est une nouvelle Passion qui commence, une Passion pire que l'autre, car elle s'achève par le dédain et l'indifférence. A la fin, on ne le connaît plus ; on ne le regarde même pas. Il meurt solitaire, sur le pavé d'un carrefour, et, quand il expire, « ce n'est pas, comme au Calvaire, un cri formidable qu'on entend, mais à peine un soupir, une exhalaison... » Les ténèbres se referment, et l'Ermite prosterné, la face contre terre, s'écrie : « Horreur ! je n'ai rien vu, n'est-ce pas, mon Dieu !... Que resterait-il?... »

Or ce fragment fut supprimé par Flaubert dans l'édition de *la Tentation de saint Antoine* qu'il publia en 1874. A quelles raisons a-t-il obéi?... Elles sont tout à son honneur, comme on va le voir.

*
* *

Selon madame Caroline Franklin-Grout, la nièce de l'écrivain, Flaubert craignit d'abord qu'on ne l'accusât de marcher sur les brisées de Renan. A ce moment-là, le scandale excité par *la Vie de Jésus* n'était pas encore apaisé. Or, Flaubert ne goûtait que médiocrement ce livre. Il écrivait à une de ses correspondantes : « Le livre de mon ami Renan ne m'a pas enthousiasmé, comme il a fait du public. J'aime qu'on traite ces matières-là avec plus d'appareil scientifique. Mais, à cause même de sa forme facile, le monde des femmes et des légers lecteurs s'y est pris. » C'est précisément ce genre de succès que Flaubert voulait éviter pour sa *Tentation*. Spéculer sur le scandale et les passions anti religieuses, pour faire lire une œuvre, lui paraissait indigne de lui.

Mais madame Grout est plus affirmative. Elle se rappelle que Flaubert lui lut autrefois cette *Agonie de Jésus* et que cette lecture avait produit sur elle une profonde impression. Le maître, à l'en croire, n'aurait retranché cet épisode que dans la crainte de froisser les âmes pieuses. Ainsi ce sceptique, qui écrivait de lui-même : « Je suis mystique, au fond, et je ne crois à rien », — le père du curé Bournisien et de l'abbé Jeuffroy, — aurait ménagé la religion par égard pour le sentiment religieux.

Si cela est vrai, il faut avouer qu'une telle abnégation a quelque chose d'admirable, d'unique peut-être dans l'histoire de la littérature. Pour un écrivain comme Flaubert, aux yeux de qui rien ne comptait en dehors de l'art, le sacrifice d'un morceau de prose aussi parfait est une action voisine de l'héroïsme. Et la noblesse du motif y ajoute une beauté si rare qu'elle en devient presque incroyable aujourd'hui.

*
**

Admettons pourtant que ce ne soit pas là le vrai motif. Il n'en reste pas moins ce fait indéniable que Flaubert n'a pas osé ou n'a pas voulu faire parler Jésus, ni même seulement le mettre en scène, malgré l'exemple de Renan, de Leconte de Lisle et de beaucoup d'autres. Pourquoi? Qui le retenait, lui qui ne croyait à rien, lui qui n'a pas éprouvé ces scrupules pour le Bouddha, ou même pour le Jéhovah de la Bible ?...

A-t-il cédé à des considérations purement littéraires ? L'inconsistance du *Jésus* de Renan l'aurait-elle détourné d'une pareille tentative ? Jugeait-il impossible de rivaliser avec la divine simplicité des récits évangéliques ? Une telle défiance de soi serait bien extraordinaire chez un styliste aussi conscient et aussi maître de toutes les ressources de son métier. Il n'y a guère d'autre moyen d'expliquer cette abstention qu'en admettant chez lui la persistance d'une sensibilité toute chrétienne. Malgré qu'il ne crût pas, il continuait à considérer la personne du Christ comme sacrée, et sa vie comme un sujet auquel on ne touche pas et qui échappe à la littérature.

Pourtant, dans cette *Tentation de saint Antoine*, tout le sollicitait à faire une place à Jésus. Lorsque les dieux sont passés et que l'Ermite, éperdu, s'est écrié : « Que restera-t-il ? » le Diable répond : « Il reste moi ! » Et, pour Flaubert, le Diable, c'est la science. Il eût été conséquent, semble-t-il, et, en même temps, d'un grand effet dramatique, de proclamer ce triomphe de la science devant Jésus agonisant.

Encore une fois, pourquoi ne l'a-t-il pas fait ? Sans doute, parce que prévoir une défaite du christianisme eût paru hasardeux. C'était une conclusion arbitraire. Or le principe radical de son esthétique empêchait Flaubert de *conclure*. Une œuvre d'art ne conclut pas, elle *représente*. Il l'a répété cent fois : la folie est de vouloir conclure. La conclusion, « elle est au sein du Père. Lui seul la possède et ne la communique pas. » Dans une lettre, dans une conversation, Flaubert se permettait bien d'exprimer des opinions, souvent fort vives, il ne s'en est pas privé, Dieu merci ! Mais, sagement, il estimait que les idées et les émotions du moment ne devaient point avoir accès dans une œuvre hautement impersonnelle et objective.

C'est en cela surtout que la méthode de Flaubert s'oppose à celle de Zola. Il avait l'esprit trop large et trop circonspect, pour se lancer, comme l'auteur de *Lourdes* et de *Rome*, dans des négations ou des affirmations imprudentes. Enfin, cette réserve est aussi une question d'âme : il sentait qu'il y a des besognes salissantes ou odieuses qu'on ne doit pas assumer, des paroles outrecuidantes ou malsonnantes qu'un véritable intellectuel ne prononce pas.

*
* *

Sans doute, ces explications valent ce qu'elles valent. On peut en proposer d'autres aussi vraisemblables. Mais le témoignage de madame Grout est formel, et, quand il ne le serait pas, ce qui demeure incontestable, c'est qu'à une époque où il pouvait tout dire, où des exemples partis de haut l'y encourageaient, Flaubert a reculé devant une représentation — même respectueuse — de Jésus. Leçon de goût, ou leçon de tolérance ?... La nuance est, ici, difficile à saisir. Nous aurions dû, peut-être, imiter son silence et sa réserve. Mais, en publiant, contre son gré, un fragment qui ne peut plus scandaliser personne, nous avons voulu au moins que Flaubert conservât le mérite de sa belle action.

VI

SALAMMBÔ

Pourquoi Flaubert, après le succès de *Madame Bovary*, après s'être révélé comme un des maîtres du roman réaliste, a-t-il brusquement abandonné les sujets contemporains pour aller en demander un à l'une des périodes les plus obscures et, pour nous, l'une des plus lointaines de l'histoire ? Il y a à cela bien des raisons : celles-ci toutes personnelles, celles-là qui tiennent étroitement à son esthétique.

Il a écrit *Salammbô*, parce que, en 1857, au lendemain du procès de *Madame Bovary*, il estimait dangereux pour lui de publier *la Tentation de saint Antoine*. Ensuite, comme il n'avait pas renoncé à la publication de cette dernière œuvre, il voulait y préparer le public par un roman de haut style et de grande science, qui lui donnât, comme il le disait, « plus d'autorité ». Il n'était pas fâché de se distinguer ainsi de la tourbe des romanciers contemporains. Le public et la critique elle-même distinguaient mal entre lui et Champfleury. Il écrirait donc un roman que ni Champfleury ni personne ne pourrait écrire. Ne rions point : les choses n'ont pas changé. On a tellement abusé du roman qu'aujourd'hui encore le commun des lecteurs et des critiques ne distingue point entre deux romanciers de valeur très inégale qui emploient la même forme d'art. Enfin, le sujet de *Salammbô* plaisait à Flaubert : il l'a écrite d'abord pour se faire plaisir à lui-même.

D'un autre côté, *Salammbô* a été non seulement l'illustration la plus éclatante, mais aussi l'application la plus stricte et la plus complète de ses théories d'art. Flaubert lui-même nous en a avertis. Longtemps avant la publication de son roman, il disait aux frères de Goncourt : « Le drapeau de la doctrine sera, cette fois, franchement porté, je vous en réponds [1]. » *Cette fois*, qu'est-ce

----

1. *Correspondance*, 1re série, p. 183.

à dire, sinon que *Madame Bovary* ne réalise pas complètement ce qu'il voulait faire ? Et il tenait tellement à ce qu'on en fût bien convaincu qu'il l'a répété à plusieurs reprises dans sa correspondance.

Que voulait-il donc faire ? Les critiques, — et en particulier Sainte-Beuve, — ne se sont guère préoccupés de s'en enquérir. Qu'on relise les trois articles que celui-ci consacra à *Salammbô*, lors de son apparition, on sera surpris de la légèreté et de l'insuffisance de son jugement, en un sujet si considérable. Peut-être cette chaude et sauvage Afrique dépassait-elle la compétence d'un petit bourgeois de Montparnasse, qui n'est guère sorti de son quartier et « qui n'a point pris l'air ». Les voyages servent tout de même à quelque chose.

Et puis l'œuvre de Flaubert était trop haute pour lui. Ce qu'il faut à un Sainte-Beuve, ce sont des œuvres moyennes, des talents « à mi-côte », comme il disait. Là, il est excellent. Les petites gens de Port-Royal, M. Lancelot, M. Lemaître de Sacy, voilà ses clients. Quand il aborde une grande figure comme celle d'un Saint-Cyran, il l'esquisse faiblement.

Si j'insiste sur ce jugement superficiel de Sainte-

Beuve, c'est qu'après lui la plupart des critiques l'ont adopté sans variantes notables. A sa suite, ils ont affecté de ne voir dans *Salammbô* qu'un roman historique, ou un poème en prose, suivant la formule de Chateaubriand. Or, ce n'est ni l'un ni l'autre : c'est un roman, sans plus.

Si l'on entend par genre faux, en littérature, un genre hybride, incapable de se suffire à lui-même, ne peut-on pas soutenir que, dans la plupart des cas, le roman historique est **un genre faux**, lui qui se réclame, tantôt de l'histoire, et tantôt de l'imagination romanesque, sans arriver à donner à l'une ou à l'autre une valeur telle que celle-ci puisse se passer de celle-là ? En effet, la fiction romanesque y est généralement quelque chose de tellement mince, de tellement quelconque, ou de tellement invraisemblable, qu'elle a besoin du voisinage de l'histoire, pour prendre un peu de vie, de couleur, ou de réalité; et, d'autre part, l'histoire, à son tour, y est si peu sûre, si souvent mélangée ou faussée, qu'elle a besoin, pour se produire et, en quelque sorte, pour faire excuser ses mensonges, de prendre le masque d'une fable amusante, pittoresque et mouvementée. Tel est bien, n'est-ce pas, le roman historique tel que nous le trouvons chez Walter Scott, plus tard chez Dumas père, puis chez tous les feuilletonistes, qui ont pullulé autour de lui et après lui.

Il est trop évident que Flaubert, étant l'homme qu'il était, n'a pas pu donner dans ce genre-là. Et pourtant il est incontestable qu'il est passé tout près de ce genre bâtard qu'on appelle le roman historique. Lui-même n'en avait-il pas conscience, lorsqu'il écrivait, dans le débraillé habituel de son style épistolaire : « Il n'est (bêtise) [1] que je ne côtoie dans ce sacré bouquin. » Il est indéniable, en effet, que, dans *Salammbô*, il a côtoyé quelquefois la fausseté du roman historique. Mais, même sans son génie qui l'obligeait à viser plus haut qu'un Walter Scott, il eût encore été sauvé de ce genre par l'excellence de sa méthode. Il a voulu faire quelque chose de tout à fait nouveau, d'intenté auparavant; il a voulu, — et ce sont ses expressions littérales, — *fixer un mirage antique... appliquer à l'antiquité les procédés du roman*

---

1. *Correspondance*, IIIe série, p. 186. Le mot est plus vif dans le texte.

moderne [1]. Voilà qui est clair : il ne s'agit point ici de poème en prose, ni de roman historique, mais de *roman moderne*. Et quant aux « procédés » en question, il est trop évident que ce sont ses procédés à lui Flaubert, c'est-à-dire la méthode originale qu'il a appliquée plus ou moins dans tous ses autres romans.

Or, la première règle de cette méthode, — nous l'avons vu, — c'est que l'artiste doit se borner à « représenter », à refléter les formes, les faits et les idées, indépendamment de ses opinions préconçues, de ses haines, ou de ses sympathies instinctives. Et voilà déjà une première différence entre lui et les romantiques, comme Walter Scott, Hugo, ou Dumas père, lesquels n'ont fait que transporter dans l'histoire les préjugés, les passions et même les modes contemporaines. C'est encore une différence capitale entre lui et Chateaubriand qui, dans ses *Martyrs*, apportait, outre des arrière-pensées apologétiques trop manifestes, des idées traditionnelles et toutes faites sur les événements et les hommes. Flaubert, lui, ne préjuge pas, ne prend pas parti dans les aventures qu'il nous ra-

---

1. *Correspondance*, IIIe série, p. 239.

conte; il « représente » tout simplement. Il est, suivant l'expression de Schopenhauer, le « pur sujet connaissant », le miroir prodigieusement vaste et limpide, qui reflète un mirage antique.

Mais le « sujet connaissant » qui reflète le spectacle de l'univers voit toutes choses dans un éternel présent. Et ainsi, pour lui, tous les faits qui composent l'histoire universelle se présentent sur le même plan. Tout lui est égal : un événement d'hier et une catastrophe contemporaine des guerres puniques ou des Pharaons de Memphis. Il voit les sacrifices humains de Moloch du même œil que les comices agricoles d'Yonville, et la procession des filles de Tanit comme le cortège d'une mariée de village.

On saisit tout de suite la différence qu'il y a entre cette méthode et la tournure d'esprit des écrivains romantiques, prédécesseurs de Flaubert. Pour ceux-ci, en effet, l'histoire, bien loin d'être toujours vivante, était une chose morte et qui, même, ne les intéressait que parce qu'elle était morte, parce qu'elle offrait des personnages, des costumes, des spectacles, un art qu'on ne reverrait plus. Ils l'abordaient avec un sentiment de *curiosité*, qui primait tout le reste : c'était le rare,

le singulier, l'anecdotique, l'extravagant même qui
les passionnait. Au contraire, Flaubert professait
un superbe mépris pour tout le détail qui n'avait
d'autre valeur que de curiosité. Et même la curiosité était en quelque sorte supprimée chez lui, puisque son imagination évocatrice voyait tout dans
un éternel présent, comme une chose familière à
ses yeux. Il n'avait, devant les spectacles de l'histoire, aucune des badauderies des romantiques ;
et, lorsqu'il essayait de fixer les visions du passé
qui flottaient devant ses yeux, il n'en retenait jamais que ce qui lui apparaissait sous les espèces
de *la beauté*. Dans toute cette masse d'archéologie
et d'histoire qu'il a remuée pour écrire *Salammbô*,
cela seul l'a préoccupé qui était susceptible de
beauté. Il l'a répété cent fois : « Il n'y a que la
beauté qui m'intéresse ! » Et c'est encore ce qui
le distingue de la plupart de ses contemporains, —
Leconte de Lisle excepté, — par exemple, des frères de Goncourt, et plus tard de Zola et de son
école, qui attribuaient au *document*, c'est-à-dire à
la matière de l'œuvre d'art, une valeur plus grande
qu'à sa forme. Flaubert, au rebours de ceux-ci, ne
procède point par accumulation de menus détails.
« La littérature, écrivait-il à Eugène Fromentin,

est l'art des sacrifices. » Couper le plus possible, sacrifier le détail à l'ensemble, tel est le précepte fondamental de sa rhétorique. C'est pourquoi ses descriptions les plus éclatantes nous laissent, en définitive, une impression de concision et de sobriété toutes classiques. Même lorsqu'il paraît s'amuser à des singularités ou à des excentricités de couleur locale [1], lorsqu'il nous parle avec complaisance de *pintades puniques*, de *galléoles à collier* et de *cailles de Tartessus*, c'est beaucoup moins par souci d'exactitude historique que pour l'euphonie des mots, et parce que ces effets euphoniques concourent à la sonorité de la phrase ou du paragraphe.

Ajoutons qu'en ce qui concerne les mœurs et les caractères, Flaubert témoigne le même dédain pour le détail particulier ou accidentel. Dans *Salammbô* comme dans *Madame Bovary*, il vise avant tout à créer des types ; c'est le permanent, c'est ce qui ne meurt pas, c'est ce qu'il y a d'éternellement humain dans l'homme, qu'il s'efforce de saisir et de traduire par son art. Ce qu'il voit

____

1. Il disait : « Quant à l'archéologie, elle sera probable, voilà tout. Pour ce qui est de la botanique, je m'en moque complètement... » *Correspondance*, IIe série, p. 103.

dans Hamilcar, c'est moins le personnage historique que le dictateur ou le chef des bandes. Pareillement, ce qu'il voit dans Autharite ou dans Mâtho,
c'est surtout le barbare; dans Spendius, c'est le
Grec de la décadence; dans *Salammbô*, c'est la
vierge et c'est la femme.

Mais alors, si, dans *Salammbô*, l'élément historique est rejeté au second plan; et si l'auteur a
prétendu *tout d'abord* y éblouir notre imagination par des spectacles de beauté, y solliciter notre
cœur et notre esprit par un enchaînement rigou-
reux de vérités psychologiques et par ce qu'il y a
d'essentiellement humain dans son drame; en
d'autres termes, si la matière n'a de prix à ses yeux
que comme support d'un art parfait, comme moyen
de réaliser une œuvre parfaitement belle; s'il en
est ainsi, ne voit-on pas *Salammbô*, en dépit des
apparences, se rapprocher insensiblement des œuvres de la plus pure tradition classique, d'une
Énéide, par exemple, où l'élément historique,
pourtant si considérable, se perd en quelque sorte
et s'oublie dans la perfection d'art de l'ensemble?
Et ce n'est pas au hasard que je cite l'*Énéide*.
Nous savons, par la correspondance de Flaubert,
que, durant toute la composition de *Salammbô*, il

lut et relut le poème de Virgile. Il écrivait à son
ami Feydeau : « J'entremêle cette lecture (de Fénelon) avec celle de l'*Énéide*, que j'admire comme
un vieux professeur de rhétorique. » Et ailleurs :
« Toutes les après-midi, je lis du Virgile, et je me
pâme devant le style et la précision des mots [1]. »
Mais ne forçons pas le rapprochement. Il n'y a,
entre les deux œuvres, qu'une analogie de forme
plus ou moins prochaine. L'inspiration est bien
différente. Et puis, enfin, ce n'est pas un poème,
fût-ce un poème en prose, que Flaubert a prétendu
écrire.

Ce serait donc lui faire injure que de considérer
son œuvre comme une reconstitution historique.
S'il nous fallait son témoignage, ce témoignage
concorderait encore avec notre analyse. J'ai retrouvé, dans ses notes de voyage, et j'ai été le
premier à signaler une sorte d'invocation singulièrement éloquente, qui pourrait servir d'épigraphe à *Salammbô* [2]. Flaubert l'écrivit en ren-
trant de Tunis et de Carthage, où il était allé se
documenter tout exprès pour son roman. Il a eu
soin de dater ces quelques lignes, ce qui prouve

---

1. *Correspondance*, IIIe série, p. 209.
2. Voir la *Revue des Deux Mondes* du 15 juillet 1910.

assez l'importance qu'il y attachait. Ce fut dans la nuit du 12 juin 1858 qu'il l'écrivit. Soulevé d'enthousiasme à la pensée de l'œuvre future, effrayé aussi par les difficultés de l'entreprise, il s'écrie : « *Que toutes les énergies de la nature que j'ai aspirées me pénètrent, et qu'elles s'exhalent dans mon livre. A moi, puissances de l'émotion plastique ! Résurrection du passé, à moi, à moi ! Il faut faire, à travers le beau, vivant et vrai quand même. Pitié pour ma volonté, Dieu des âmes ! Donne-moi la force et l'espoir !* » Ainsi, en cette minute de clarté suprême, où il a fait son examen de conscience, — avant de commencer ce long labeur pour lequel il demandait au Dieu des âmes « la force et l'espoir », — son œuvre lui apparut d'abord comme un jet lyrique, qui s'apparente au jaillissement des énergies naturelles, ensuite comme une construction plastique, dont la puissance d'émotion serait toute la beauté. Et c'est seulement après cela qu'il songe à la « résurrection du passé » que sera *Salammbô*. Mais il ne s'y arrête point. Il ajoute aussitôt : « Il faut faire, à travers le beau, vivant et vrai *quand même*. » Le beau, c'est la première condition : la vérité et la vie viendront par surcroît, — *quand même*.

Écartons donc une bonne fois des analogies superficielles. Ne croyons plus que Flaubert ait tenté purement et simplement une reconstitution historique. Voyons *Salammbô* telle qu'il l'a voulu faire : nous nous trouvons alors en présence d'un roman conçu de la même façon, exécuté d'après la même méthode, présenté enfin par l'imagination évocatrice de l'auteur comme une aventure aussi contemporaine que celle de *Madame Bovary*.

Ce qui trompe le lecteur non averti, c'est l'abondance et la précision toute matérielle des descriptions de Flaubert. Elles sont tellement frappantes qu'on n'y aperçoit d'abord que le détail historique, la couleur locale. Mais cette qualité est secondaire aux yeux de l'auteur, comme aux nôtres, dès que nous sommes entrés dans le secret de son art. Relisons, par exemple, la fameuse description de Carthage au lever du soleil, que Sainte-Beuve, dès la publication du livre, saluait déjà comme un chef-d'œuvre :

... Mais une barre lumineuse s'éleva du côté de l'Orient. A gauche, tout en bas, les canaux de Mégara commençaient à rayer de leurs sinuosités blanches les verdures des jardins. Les toits coniques des temples heptagones, les escaliers, les terrasses, les remparts, peu à peu, se découpaient sur la pâleur de l'aube ; et tout autour de la péninsule carthaginoise, une ceinture d'écume blanche oscillait, tandis que la mer couleur d'émeraude semblait comme figée dans la fraîcheur du matin. A mesure que le ciel rose allait s'élargissant, les hautes maisons inclinées sur les pentes du terrain se haussaient, se tassaient, telles qu'un troupeau de chèvres noires qui descend des montagnes. Les rues désertes s'allongeaient ; les palmiers, çà et là sortant des murs, ne bougeaient pas ; les citernes remplies avaient l'air de boucliers d'argent perdus dans les cours ; le phare du promontoire Hermœum commençait à pâlir. Tout au haut de l'Acropole, dans le bois de cyprés, les chevaux d'Eschmoûn, sentant venir la lumière, posaient leurs sabots sur le parapet de marbre et hennissaient du côté du soleil.

Que cette description soit vraie historiquement, c'est bien possible. Mais si, littérairement, elle est d'un si grand prix, c'est avant tout par la puissance de son lyrisme. Comme dans une ode, l'émotion grandit, de phrase en phrase, à mesure que le soleil se lève, que la lumière monte, — pour aboutir au grand effet final : « Les chevaux d'Eschmoun posaient leurs sabots sur le parapet de marbre et *hennissaient du côté du soleil.* » Après cela, peu nous importe que ce soit une description de la Carthage antique. Elle peut s'appliquer aussi bien à la Tunis, qu'à l'Alger moderne. Elle n'est pas plus contemporaine d'Hamilcar que de Flaubert lui-même. Toute pénétrée qu'elle est d'émotion lyrique, elle plane au-dessus des lieux et des temps. Elle a traduit hier, elle traduira demain la splendeur de l'aube se levant sur une grande ville orientale et méditerranéenne.

Non seulement ces descriptions sont animées d'un souffle lyrique, mais elles sont composées en vue d'un *effet de beauté*. Les détails archéologiques disparaissent dans l'ensemble. En définitive, ils ne sont rien : c'est la forme qui est tout. Ainsi. dans ce passage où il s'agit de nous faire voir le char de Salammbô courant sur la route de Carthage. Nous sommes sur une terrasse des jardins d'Hamilcar, et nous regardons vers la plaine, avec Mâtho et Spendius :

Un point d'or tournait au loin dans la poussière, sur la route d'Utique : c'était le moyeu d'un char attelé de deux mulets. Un esclave courait à la tête du timon, en les tenant par la bride. Il y avait dans le char deux femmes assises. Les crinières des bêtes bouffaient entre leurs oreilles à la mode persique, sous un réseau de perles bleues. Spendius les reconnut : il retint un cri.

Un grand voile par derrière flottait au vent.

Ne nous attardons pas à la précision descriptive,

qui, dans ce morceau, est saisissante. Mais notons l'art subtil avec lequel tous ces détails sont agencés pour faire éclore progressivement la vision dans les yeux du lecteur : *le point d'or*, le moyeu du char, l'esclave qui court, les crinières bouffantes à la mode persique, le réseau de perles bleues, — enfin l'image qui résume tous les traits épars du tableau et qui les enveloppe, en quelque sorte : *Un grand voile, par derrière, flottait au vent*. Cette image, par la seule place que Flaubert lui a assignée, par la seule vertu de l'ordre, prend une valeur symbolique inattendue. Elle symbolise le char tout entier, comme une voile symbolise un navire ; et, par la série illimitée d'images qui lui sont associées, on peut dire qu'elle suggère bien au delà des limites restreintes où l'auteur semble avoir voulu enfermer notre regard. On oublie tous les détails matériels qui le précèdent : il ne reste plus, en fin de compte, que la vision d'une forme légère, ailée et fuyante...

Cette supériorité de Flaubert dans la description pittoresque est si grande qu'on a souvent affecté de ne voir en lui qu'un descripteur de génie. On s'imagine qu'il décrit pour le plaisir de décrire. Mais ces descriptions, même les plus longues, même celles qui semblent, au premier coup d'œil, de purs hors-d'œuvre, ont, la plupart du temps, une signification psychologique, indépendante de leur valeur historique ou archéologique, — *supérieure à la couleur locale.*

Je ne connais pas, dans *Salammbô,* de plus bel exemple de la valeur psychologique d'une description que ce chapitre où l'auteur nous dépeint les magasins et les trésors d'Hamilcar, nous promène à travers les cours et les jardins de sa villa, les ateliers et les ergastules. Cette espèce de recensement dépasse en éblouissement les plus merveilleux contes arabes : ce sont des entassements de fer, d'airain, de plomb, de lingots d'argent empilés comme des bûches, des montagnes d'outres laissant échapper de la poudre d'or par leurs coutures trop vieilles ; des forêts d'ivoire, des monceaux de gomme, d'encens, d'aromates, de plumes d'autruche... Et il y en a ainsi pendant des pages et des pages. Le lecteur superficiel se demande où l'auteur veut conduire son héros à travers cet amoncellement de magnificences... Mais d'abord il n'y a, pour ainsi dire, pas un détail. dans toute cette longue description, qui ne nous révèle quelque chose de l'âme et des mœurs carthaginoises. Ensuite, Flaubert veut conduire Hamilcar à la grande résolution qui est formulée, en ces deux lignes, à la fin du chapitre : « Lumières des Baalim, — dit celui-ci au sénat de Carthage, — j'accepte le commandement des forces puniques contre l'armée des Barbares ! »

En effet, c'est parce que le suffète, à chaque pas qu'il fait à travers ses magasins et ses trésors, prend à la fois conscience de sa propre force et de l'injure que lui ont infligée les Barbares, en pillant ces mêmes magasins, en saccageant et en brisant tout sur leur passage, en attentant jusqu'à l'honneur de sa propre fille ; c'est parce qu'il retrouve partout l'insulte des mercenaires et le déshonneur de sa maison ; c'est parce que sa colère bouillonne et s'accroît à la découverte de chaque nouveau méfait, qu'une circonstance en apparence insignifiante, — la vue de ses éléphants mutilés par les Barbares, — précipite sa résolution. A cette dernière vue, il ne peut plus y tenir, il brûle de se venger, et, malgré ses défiances et ses rancunes contre la République, il court au Sénat et il prononce la formule qui va le lier comme un serment : « Lumières des Baalim, j'accepte le commandement des forces puniques contre l'armée des Barbares !... »

★
★ ★

Ainsi donc, la place de la description, dans *Salammbô*, est presque toujours proportionnée à son importance et à sa signification par rapport au reste du récit. Mais si elle a surtout une valeur d'art, ce serait s'aveugler de parti pris que de n'en pas voir la valeur historique. La solidité du fond, chez Flaubert, répond à la splendeur de la forme. Comme il le disait dans son ferme propos du 12 juin 1858, il a voulu faire « *à travers le beau, vivant et vrai quand même* ». Il a fait vrai, mais il a fait surtout vivant.

En ce qui concerne l'archéologie punique, on peut discuter à perte de vue sur la question de savoir si Flaubert n'a pas trop accentué, dans son récit, la couleur biblique et phénicienne, au lieu de nous représenter une Carthage déjà à demi hellénisée. C'est l'opinion qui prévaut aujourd'hui. Mais les généralisations de l'archéologie sont sujettes à d'étranges variations. Ne nous hâtons pas trop de conclure contre Flaubert, dans le sens des archéologues [1]. Ce qu'il y a de sûr, c'est que

---

1. J'ai entendu dire maintes fois à l'un des hommes qui connaissent le mieux l'histoire de l'Afrique ancienne qu'en

toutes ses affirmations et toutes ses hypothèses
reposent sur des textes ou des documents certains.
Il avait lu à peu près tout ce qu'on pouvait lire, de
son temps, sur Carthage. Voilà de quoi nous rassurer. N'oublions pas, cependant, que *Salammbô*
est, avant tout, un livre d'imagination. Flaubert a
eu soin de nous le rappeler. De même qu'il disait
à propos de *Madame Bovary* : « Les observations
de mœurs, je me fiche bien de ça ! » de même il
écrivait à Sainte-Beuve, à propos de *Salammbô* :
« *Je me moque de l'archéologie !* » Il ne s'agit pas

---

matière d'archéologie punique l'opinion de Flaubert n'est
jamais négligeable. Cela n'empêche pas certains profession-
nels de l'histoire de continuer à traiter *Salammbô* avec le
plus ridicule dédain. Quant à eux, sous prétexte de vérité
historique, ils entre-choquent les opinions de Beulé contre
celles de Dureau de la Malle et du moindre ingénieur des
ponts et chaussées qui s'est livré à des sondages dans le
golfe de Carthage, — le tout pour conclure, après 500 pages
de discussion, que nous ne savons rien de positif sur la
Carthage romaine, pas plus que sur la Carthage punique.
C'est une belle chose que la méthode, mais encore faudrait-
il l'appliquer à des sujets qui *rendent*, et non la faire fonc-
tionner à vide pendant des centaines de pages. Après avoir
volatilisé, réduit en poussière impalpable des textes anciens,
sans doute obscurs ou contradictoires, mais qui enfin di-
saient quelque chose, on nous laisse plus incertains que
devant. Hypothèses pour hypothèses, j'aime mieux celles
de Flaubert. Au moins, elles me *font voir* une Carthage possible, tandis qu'avec ces messieurs, je ne sais rien et je ne
vois rien du tout.

de savoir si la coiffure de Tanit est authentique, ou si la robe de Salammbô eût été désavouée par les couturières de Carthage. Le moindre cuistre, là-dessus, peut se flatter d'en remontrer à Flaubert, — et d'ailleurs ils n'y ont pas manqué. L'essentiel est de savoir si ce mirage antique évoqué par l'imagination de Flaubert forme un tout bien cohérent, satisfaisant à la fois pour une imagination d'artiste et pour une conscience d'historien ; « si les mœurs dérivent de la religion et les faits des passions, si les caractères sont suivis, si les costumes sont appropriés aux usages et les architectures au climat... » On peut répondre hardiment que oui et qu'on n'a jamais tenté une œuvre d'une logique interne plus solide, ni d'une plus parfaite beauté.

Mais non seulement Flaubert a su donner une image plausible de l'Afrique au v⁰ siècle avant Jésus-Christ, il nous en a donné une image *toujours vivante*, en nous la représentant, si je puis dire, sous ses aspects éternels. *Salammbô* est un livre tout plein de l'Afrique. D'abord l'auteur nous a tracé des lieux où se déroule son action un portrait si véridique, si complet et si définitif qu'il n'y a plus qu'à glaner derrière lui. Tous ceux qui ont vécu en Algérie et en Tunisie le savent bien. Lorsqu'on voyage là-bas, il suffit d'ouvrir les yeux, pour saluer au passage les paysages de *Salammbô*. Et il suffit aussi d'ouvrir les yeux pour reconnaître, dans les rues d'Alger, de Constantine ou de Tunis, les types humains, les silhouettes d'aventuriers, les foules hybrides et bigarrées qui se pressent dans le roman du maître de Rouen.

Prétendra-t-on que Flaubert a été dominé par ses souvenirs et ses notes de voyage, et qu'il a représenté en somme des caractères tout modernes sous des noms ou des costumes antiques? Ce qu'il y a de sûr encore une fois, c'est que de semblables types sont absolument africains.

Flaubert devinait bien qu'il y a quelque chose de plus fort que le temps et les bouleversements d'empires, — c'est l'âme d'un pays qui se survit indéfiniment dans les hommes qui l'habitent. C'est pourquoi il s'est enquis si scrupuleusement de l'âme africaine. On peut répondre à cela que cette âme diffère sans doute beaucoup de l'âme antique; mais pour Flaubert, comme pour tous ceux qui ont étudié cette Afrique immobile où rien ne meurt parce que rien n'y naît plus, il est certain que les contemporains de Scipion et d'Hamilcar sont encore reconnaissables dans les Africains d'aujourd'hui.

A côté de cette vérité locale, il y a aussi, dans *Salammbô*, une vérité humaine, à laquelle le grand nombre des lecteurs, éblouis sans doute par la pompe du décor, ne prêtent guère d'attention.

Nous pourrions analyser successivement chacun des personnages du roman que nous arriverions à la même conclusion : c'est qu'ils vivent aussi diversement, aussi profondément que les personnages familiers de *Madame Bovary*. Mais tenons-nous-en à l'héroïne du livre, cette étrange Salammbô, en qui l'on ne voit d'ordinaire qu'une poupée somptueusement habillée.

On peut dire que le même mystère, qui défend la femme orientale contre les indiscrétions du voyageur européen, entoure la fille d'Hamilcar dans le roman de Flaubert et la dérobe aux regards profanes. Cette impression de mystère, Flaubert l'a voulue et l'a cherchée à dessein, — nous le savons par sa correspondance. Mais justement parce que Salammbô est mystérieuse pour nous,

nous voyons volontiers en elle, comme dans la
femme arabe, tout un monde de poésie et de sentiments à jamais indéchiffrables pour nos esprits
d'Occidentaux ; et quand nous approchons de cette
forme voilée et muette, une irritation nous prend,
en songeant que nous ne saurons jamais ce qui se
passe derrière ce front scintillant de plaques d'or,
derrière ces yeux inertes et brillants comme des
pierreries. Puis à mesure que nous la connaissons
davantage, nous en arrivons à soupçonner que
cette âme mystérieuse ne renferme que le vide ;
et nous éprouvons quelque chose de la déception
de Mâtho, lorsque, après avoir traversé les salles
étincelantes du temple de Tanit, encore tout aveu-
glé par l'éclat des marbres, des métaux et des
gemmes, il finit par arriver au fond du sanctuaire,
un obscur réduit, où il ne discerne rien, qu'une
pierre noire, à peine dégrossie.

Évidemment, Flaubert a voulu que nous éprou-
vions quelque chose de cette irritation et de cette
déception devant la figure imprécise de Salammbô ;
c'est par là qu'elle rappelle l'Orient et qu'elle ressemble aux femmes de son pays. Mais, en même
temps, il l'a douée de sentiments et de passions
qui l'apparentent à la nature féminine, telle qu'elle

se rencontre, je crois, dans tous les temps et dans tous les pays.

Salammbô a les inquiétudes de la vierge qui pressent on ne sait quel grand bonheur vers lequel elle se précipite de toute son âme et qu'elle n'atteindra jamais. Elle est avide d'aimer. Elle croit aimer la Déesse, comme la pauvre Emma Bovary croit aimer ses amants; mais elle n'aime que l'amour, c'est-à-dire, dans la pensée de Flaubert, l'ombre d'une ombre. Et lorsqu'elle s'imagine être au but de ses plus ardentes convoitises, lorsqu'elle touche enfin de ses mains ce voile de l'Immaculée, ce zaïmph, qu'elle a reconquis au prix de sa vie et de sa virginité, elle reste « mélancolique devant son rêve accompli », de même que la petite bourgeoise d'Yonville, dans toute la frénésie de la passion et dans tout l'adultère triomphant, s'avouait « ne rien sentir d'extraordinaire ». Les mêmes phrases désabusées se répondent d'un roman à l'autre et elles traduisent la même aspiration immense et douloureuse, le même accablement devant l'impuissance du Désir.

Non seulement Salammbô est une petite âme inquiète et angoissée : elle ne serait pas la fille de Flaubert, si elle ne tenait de son père une passion d'ordre plus intellectuel que le désir. Elle est dé- vorée de la *curiosité de savoir* ; et par là encore, elle touche à la nature féminine dans ce qu'elle a de plus intime ; elle rejoint l'Ève éternelle qui veut goûter, elle aussi, au fruit de l'arbre de la science, malgré la défense divine. Elle veut sa- voir, non pas même pour la joie de savoir, car elle n'ignore pas que toute la science du monde ne la satisfera jamais, mais uniquement pour le plaisir de violer le grand secret et d'enfreindre la loi. Lorsque Shahabarim, le prêtre de Tanit, la vient visiter, le vieillard a beau lui répéter qu'il n'a plus rien à lui apprendre, elle le presse de ses ques- tions, elle le tourmente pour qu'il lui dévoile la pure essence de la Déesse, qu'elle adore sans la comprendre ; mais le prêtre la repousse d'un geste véhément : « Ton désir est un sacrilège, — lui dit-il ; — satisfais-toi avec la science que tu pos- sèdes ! » Et Salammbô tombe sur ses genoux ; elle sanglote, écrasée par la parole du prêtre, pleine à la fois de colère contre lui, de terreur et d'humiliation.

Ne serait-ce que pour mieux sentir ce qu'il y a de profondément humain et d'universel dans ce caractère de Salammbô, qu'on lise, dans la *Cor-*

respondance, ce passage d'une lettre adressée par Flaubert à une vieille fille de ses amies, laquelle était inquiète, comme la fille d'Hamilcar, et dévorée par la même curiosité de savoir. Flaubert, l'aumônier des Dames de la Désillusion, comme il aimait à s'appeler, lui répond à peu près dans les mêmes termes que Shahabarim, le grand-prêtre de Tanit : « Avez-vous tout étudié ? Êtes-vous Dieu ? Qui vous dit que votre jugement humain soit infaillible, que votre sentiment ne vous abuse pas ? Comment pouvons-nous, avec nos sens bornés et notre intelligence finie, arriver à la connaissance absolue du vrai et du bien ? Saisirons-nous jamais l'absolu ? Il faut, si l'on veut vivre, renoncer à avoir une idée nette de quoi que ce soit. L'humanité est ainsi, il ne s'agit pas de la changer, mais de la connaître. Pensez moins à vous. Abandonnez l'espoir d'une solution. Elle est au sein du Père. Lui seul la possède et ne la communique pas. *Mais il y a, dans l'ardeur de l'étude, des joies idéales faites pour les nobles âmes. Associez-vous par la pensée à vos frères d'il y a trois mille ans : reprenez toutes leurs souffrances, tous leurs rêves, et vous sentirez s'élargir à la fois votre cœur et votre intelli-*

gence; une sympathie profonde et démesurée enveloppera, comme un manteau, tous les fantô- mes et tous les êtres, Tâchez donc de ne plus vi- vre en vous... » Et ailleurs, il lui disait encore : « Soyez donc plus *chrétienne* et résignez-vous à l'ignorance ! » — « Satisfais-toi, — disait le prêtre de Tanit, — avec la science que tu possè- des ! » C'est la même pensée, c'est presque la même phrase ! Elle résume peut-être, avec les lignes précédentes, tout le sens symbolique de *Salammbô.*

Nous voici au cœur du sujet. Écartons mainte- nant l'accessoire, oublions les théories d'art de Flaubert, son érudition et sa philosophie, laissons dans l'ombre les substructions de l'édifice qu'il a élevé, détournons-nous des détails de l'architec- ture et du jeu des couleurs : ne regardons que l'ensemble de son œuvre. Nous nous dirons alors que Flaubert, à l'égal des plus grands, a réalisé la création poétique par excellence. Au rebours des modernes, qui décalquent misérablement la réalité immédiate, — et à la façon des classiques,

— il a tiré une merveille, pour ainsi dire, de rien. Il a ressuscité Carthage. Il l'a fait sortir véritablement de « l'ombre de la mort ». Il n'en existe plus d'autre que la sienne. C'est à travers la sienne que l'on voit revivre les misérables ruines qui jonchent le sol de la grande cité africaine. C'est de *Salammbô* qu'elles empruntent tout le charme qui nous attire vers elles. Pour le voyageur d'aujourd'hui, les tourterelles qui se posent sur la terrasse des Pères-Blancs, à Saint-Louis de Carthage, sont les colombes de Tanit.

Et quand bien même *Salammbô* ne tiendrait à rien, quand elle ne serait qu'un splendide palais d'images élevé par une fantaisie d'artiste, il n'en resterait pas moins ceci : ces images recouvrent un drame symbolique, dont la signification rejoint celle des œuvres les plus hautes de l'art. Aucune n'a plus profondément exprimé la folie de l'amour et du désir. *Salammbô* meurt, pour avoir réalisé son rêve, pour avoir touché au manteau de la Déesse. Mais la folie de l'amour et du désir, sous toutes les formes, — folie mystique, ou folie de l'action, — est la source de tout ce qui se fait de grand dans le monde ; c'est un principe de vie. Mâtho, l'obscur soldat, devient un chef et un héros, parce qu'il aime la fille d'Hamilcar, — et il meurt en extase au milieu des supplices, parce que ses yeux rencontrent les yeux de *Salammbô*. Ainsi donc, *aimer pour vivre*, et *mourir d'aimer*, parce que l'amour humain, comme le désir, est une duperie, — voilà la contradiction douloureuse, l'antinomie insoluble, sur laquelle nous arrête la pensée de Flaubert. Il nous laisse sur le seuil de la Foi, qui, seule, peut rompre le cercle vicieux où tourne le désir, en lui proposant un objet égal à son infinité.

VII

LA PREMIÈRE « ÉDUCATION
SENTIMENTALE »
(1843-1845)

Ni *Novembre*, ni les *Mémoires d'un fou* ne
sauraient prétendre au titre de romans : ce ne sont
que des confessions plus ou moins personnelles, des
autobiographies à peine déguisées. *L'Éducation
sentimentale*, au contraire, est un véritable roman, bien qu'à la longue le « moi » envahissant
de l'écrivain finisse par écraser l'action et les personnages. Au début, du moins, c'est à la fois un
roman de caractère et un roman de mœurs, l'auteur s'efforçant d'y analyser deux types de jeunes
gens et d'y représenter un milieu de bourgeoisie
parisienne, sous Louis-Philippe.

Une note de Flaubert lui-même, écrite sur la couverture du manuscrit, nous apprend exactement entre quelles dates fut composée cette œuvre de jeunesse : « Fin de février 1843. — Repris, septembre et octobre *id.* — Mai 1844-janvier 1845. » Il avait donc vingt-deux ans, lorsqu'il commença cette première *Éducation sentimentale.*

Au rebours de la première *Tentation de saint Antoine,* dont les rapports avec la seconde sont manifestes, la première *Éducation* n'a rien de commun avec celle qui parut en 1869 : ni le sujet, ni l'intrigue, ni les personnages, — absolument rien que le titre. Et le titre, cette fois, s'explique beaucoup mieux que dans l'œuvre ultérieure. Le sujet de la première, en effet, c'est, au pied de la lettre, l'éducation de deux jeunes gens par l'amour, — par le sentiment. Ils traversent, l'un et l'autre, une grande passion et en demeurent assagis pour le reste de leur vie. Le roman pourrait aussi bien s'intituler : *l'Amour* ou *l'École des jeunes gens.* Le titre de la seconde est beaucoup plus philosophique et abscons : il est aussi d'une portée plus générale et plus profonde. Frédéric Moreau, le principal personnage de *l'Éducation sentimentale* que l'on connaît déjà, est un héros symbolique. Non seulement il est une victime particulière de l'amour, mais il est le représentant de toute une jeunesse corrompue et stérilisée par une éducation fausse, — l'éducation romantique, qui sacrifie, en tout et partout, en art, comme en politique et en morale, la raison au sentiment, la justice à la sensiblerie humanitaire. — Le sujet de Flaubert, en 1843, est donc bien plus restreint qu'en 1869. Mais, comme on le verra, sa pensée et son imagination fougueuses l'emportent perpétuellement au delà.

On peut dire que toute son œuvre future est contenue là en puissance. Alphonse Daudet ne prétendait-il pas que les livres d'un écrivain ne sont que des *retirages* du premier? Ce paradoxe se vérifie assurément pour *l'Éducation sentimentale*. On y entrevoit, comme en des limbes, *Madame Bovary* bien plus que l'autre *Éducation*, et même, — chose étonnante en cette histoire contemporaine, — *Salammbô* et *la Tentation de saint Antoine*, sans compter *Bouvard et Pécuchet*.

Je me hâte de reconnaître, d'ailleurs, qu'il y a, dans cette œuvre de débutant, beaucoup de fatras ; qu'elle est d'une prolixité souvent insupportable ; que les pires défauts du romantisme s'y étalent avec un insolent sans-gêne, — bien qu'à cette époque, déjà, Flaubert sentît les points faibles de la doctrine et la dominât de haut. — Enfin, disons tout : les puristes auront beau jeu de relever, dans cette ébauche, de stupéfiantes fautes de français. En cela, je me range entièrement à l'opinion de de M. Émile Faguet, qui, le premier, je crois, a remarqué que la langue de Flaubert n'est pas toujours très sûre. Ce styliste, si maître de sa phrase, ne l'est pas autant de son vocabulaire, ni de sa syntaxe, qui est quelquefois suspecte. On en sera surpris et choqué en lisant la première *Éducation sentimentale*, comme aussi de l'incroyable négligence du style. Il est vrai que Flaubert, avec la belle audace de ses vingt-deux ans, semble l'avoir écrite, d'un bout à l'autre, à bride abattue. Peut-être même se réservait-il de revoir plus tard certaines parties visiblement bâclées. Le désenchantement lui vint avec la réflexion, — et ces parties restèrent à l'état d'ébauches.

Par quels mérites cette œuvre si imparfaite peut-elle donc nous intéresser ? — Mais, d'abord, par les qualités de ses défauts mêmes. Ce style si lâché est parfois d'une souplesse, d'une ductilité, d'une légèreté que l'écrivain, arrivé à la maturité de son talent, ne connaîtra plus. Comparez les *Trois contes* à la première *Éducation sentimentale:* si vous voyez ce que Flaubert styliste a gagné dans l'intervalle de ces deux œuvres, vous y verrez aussi tout ce qu'il a perdu. Au lieu des raccourcis violents d'*Hérodias*, de ces petites phrases serrées, nerveuses, comme étranglées de concision, c'est, chez le Flaubert première manière, une prodigieuse effusion verbale, de larges périodes oratoires à la Bossuet, ou à la Victor Hugo, — le Victor Hugo des Préfaces. Un lyrisme fou emporte tout cela. La phrase est autrement naïve et spontanée que dans les œuvres de l'âge mûr. On y sent davantage le *génie,* — et, si je ne craignais pas d'exagérer pour les besoins de la cause, je dirais qu'aux bons endroits il y est, sinon meilleur styliste, du moins plus grand écrivain. D'ailleurs, les passages les plus célèbres de *la Tentation de saint Antoine*, les plus lyriques, les plus envolés peut-être de toute son œuvre, datent de cette période : il sont antérieurs à *Madame Bovary.*

Ensuite, il y a, dans la première *Éducation sentimentale,* une curieuse esquisse de mœurs bourgeoises, — réduite, je le veux bien, à l'entourage d'un maître de pension, un vulgaire marchand de soupe, mais enfin vivante et directement observée. Plus tard, lorsqu'il reviendra, dans la seconde *Éducation*, à cette peinture des mœurs parisiennes sous la monarchie de Juillet, il s'y montrera un romancier et un historien autrement consommés. Mais, en ce temps-là, il ne sera plus en contact immédiat avec son sujet. Le *document* interviendra pour suppléer à sa mémoire ou compléter son observation : tandis qu'ici, c'est l'impression du moment qu'il nous livre dans toute sa fraîcheur. J'admire, sans doute, beaucoup plus le chapitre où il nous décrit l'entrée de Frédéric Moreau à Paris. L'art y est évidemment plus habile que dans le chapitre de la première *Éducation*, où l'arrivée du jeune provincial nous est pareillement racontée. Mais je suis bien plus sûr de respirer la véritable atmosphère parisienne de ce temps-là, quand j'accompagne, à travers les rues de Montmartre et les boulevards, l'étudiant Flaubert, que lorsque j'écoute le grand romancier de 1869. Ajoutons que sa phrase, alors moins matérielle, moins moulée sur le détail extérieur, se prête davantage à l'expression *morale* d'un milieu. En tout cas, la comparaison entre les deux manières vaut la peine d'être faite, et elle est des plus instructives.

Si curieuse qu'elle soit, cette esquisse de mœurs est pourtant secondaire dans le roman. Ce qui nous y intéresse surtout, ce n'est pas précisément la personnalité de l'auteur, c'est, d'une façon générale, l'expression de la sensibilité et de la subjectivité romantiques. Je n'en connais point, chez aucun des écrivains de 1830, de manifestation plus complète ni plus profonde. Un Hugo, un Lamartine, un Musset lui-même nous apparaissent comme de sages bourgeois à côté de ce jeune Rouennais frénétique. L'ivresse de la communion panthéistique avec toutes les formes de l'Être a rarement atteint, chez nous, à un pareil degré d'exaltation. Flaubert s'en vante lui-même, par la bouche d'un de ses héros disant à son ami : « *Il me semble que l'univers n'a jamais été pour d'autres aussi vaste et aussi sonore que pour nous deux.* » Et, en même temps que la sensibilité, l'intellectualité romantique se traduit, dans la première *Éducation sentimentale*, avec une vigueur, un radicalisme, qui ne se trouve pas chez nos écrivains français : en cela, Flaubert ne peut se comparer qu'aux plus romantiques des romantiques allemands, — les Tieck et les Novalis. — Sa pensée est sans doute très incertaine, souvent trouble et fumeuse. N'empêche : des éclairs éblouissants jaillissent de ce brouillard. Nul, parmi ses pairs et ses contemporains, n'a senti comme lui les imperfections de l'instrument logique et la richesse infinie du réel qui échappe à ses prises. Il devance presque les actuelles théories d'un Bergson ou d'un William James sur les limites de la connaissance. Peut-on rendre plus heureusement, en termes littéraires, cette antinomie du réel et de la pensée logique que dans cette phrase, où se résume la psychologie d'un de ses personnages ? « Quant à ses passions à lui, il les réduisait à des formules *pour y voir plus clair*, tandis que ses *idées semblaient venir de son cœur, tant elles avaient de chaleur et d'audace.* »

Il est allé jusqu'au bout, jusqu'aux extrêmes exagérations de la pensée romantique. Dans un des chapitres les plus extravagants de ce singulier livre, il suppose qu'un de ses héros s'interroge sur sa vie passée : à ce moment précis où il s'examine lui-même, ses sensations, ses passions, ses idées antérieures lui apparaissent comme étrangères à son « moi ». Et pourtant il sent avec force que tout cela se fond dans l'unité d'un principe mystérieux, — que la logique n'atteint pas et qui ne se révèle, en un éclair fugitif, qu'à la seule intuition. — De là à poser que ce principe mystérieux, à savoir la pensée intuitive, est l'unique réalité, il n'y avait qu'un pas. Oui, c'est la Pensée absolue qui crée la réalité relative, son contraire, et qui l'enveloppe ! Alors Flaubert symbolise cette idée dans un récit fantastique. Il imagine que son personnage est poursuivi, durant toute une promenade, par une hallucination horrifique : il a cru voir, *il a vu* un chien, qui, malgré ses rebuffades et ses coups, ne cessait de le contempler avec des yeux, non pas humains, mais obscurément fraternels. Rentré chez lui, il s'avise que cette hallucination n'est que la forme matérielle et comme le suprême aboutissement des idées et des sentiments qui le hantent. Le caprice lui vient de reproduire par sa volonté consciente cette hallucination involontaire, — de jeter en quelque sorte un défi à la réalité, en l'obligeant à obéir à sa pensée. — Il se lève, pour redescendre dans la rue et y retrouver l'énigmatique animal. Le cœur battant, il ouvre la porte : *le chien était couché sur le seuil !*

Qu'il y ait beaucoup de juvénilité, pour ne pas dire d'enfantillage, dans ces divagations romantiques, cela saute aux yeux. Mais, à côté de ces développements, qui n'ont plus guère pour nous qu'un intérêt documentaire, il y en a d'autres, où l'auteur, dégagé des influences ambiantes, critique lui-même son romantisme intellectuel et sentimental et se révèle un psychologue singulièrement pénétrant. Le parallèle de Jules et Henry, les deux héros du roman, — c'est-à-dire de l'homme d'action et de l'homme de pensée, — est déjà d'un observateur très clairvoyaut et très averti. Si le premier, comme un véritable moine laïque, renonce au monde, à ses pompes et à ses œuvres, c'est en connaissance de cause. Lorsque, à la fin de son livre, Flaubert établit en quelque sorte le bilan de l'éducation sentimentale de ses deux personnages antithétiques, il accumule, sur l'art, la littérature, la critique, l'histoire et la morale elle-même, des pages enivrées et d'une abondance intarissable, où éclatent, çà et là, des traits de divination merveilleuse, où il nous déconcerte par la largeur et l'acuité de son coup d'œil. Et ainsi ce roman bourgeois s'achève en un véritable poème de la vie intellectuelle. L'auteur y formule, avec une intransigeance de jeune homme, la règle idéale et pratique qu'il suivra jusqu'à son dernier souffle.

A ceux qui confondent l'intelligence avec l'esprit critique, il répond d'avance par ces lignes, où il a tracé, en quelques mots, le portrait du dilettante, de l'homme habile, ou de l'homme de talent, qui n'a que de l'habileté. Celui-là, dit Flaubert, « a un avantage sur ceux qui voient plus loin et qui sentent d'une façon plus intense, c'est qu'il peut justifier ses sensations et donner la preuve de ses assertions. Il expose nettement ce qu'il éprouve, il écrit clairement ce qu'il pense ; et, dans le développement d'une théorie, comme dans la pratique d'un sentiment, il écrase *les natures plus engagées dans l'infini, chez lesquelles l'idée chante et la passion rêve* ».

Flaubert sentait fièrement qu'il était une de ces natures-là.

VIII

LA MORALE ET LA POLITIQUE
DE FLAUBERT

Le titre seul de cette étude étonnera peut-être :
la morale et la politique de Flaubert ! Ce Flaubert
que bien des gens s'obstinent encore à considérer
comme le type de l'homme de lettres, indifférent
à tout ce qui n'est pas la littérature ! Pourtant lui-
même l'a dit : « Je ne suis pas si cuistre que de
préférer des phrases à des êtres [1]. » C'est encore lui qui reprochait à Leconte de Lisle de
manquer du « sens de la vie moderne ». Il ajoutait : « Son encre est pâle, c'est une muse qui n'a
pas assez pris l'air [2]. » Mais, ne l'eût-il pas dit ex-

---

1. *Correspondance*, t. IV, p. 98.
2. *Id.*, t. II, p. 277.

pressément, son œuvre serait encore là pour nous prouver que nul n'a suivi en spectateur plus passionné l'histoire de son temps. Est-ce que *Madame Bovary*, est-ce que *l'Éducation sentimentale* ne renferment pas toute une critique des mœurs et même de la politique du xixe siècle? Il serait surprenant d'ailleurs qu'un homme qui a eu la prétention de tout savoir, de se lier à toute chose par la sympathie désintéressée, eût laissé en dehors de sa pensée la politique et l'ordre social, qui sont une part si essentielle des choses humaines.

A côté de son œuvre proprement dite, nous avons les quatre volumes de sa *Correspondance*, qui nous offrent, au jour le jour, ses opinions sur les événements et les hommes, ses idées de derrière la tête sur la politique et la morale sociale. On le verra là au naturel, toujours indigné, *rugissant, hurlant*, — comme il disait, — chaque fois qu'une sottise a été commise, un crime contre l'art ou l'humanité. « Hélas! — écrivait-il à la bonne George Sand qui s'évertuait à le comprendre sans y réussir, — hélas! les convictions m'étouffent [1]! » Et cela était strictement vrai. Les solitaires comme

---

1. *Correspondance*, t. IV, p. 219.

lui ont des réserves d'émotions, des trésors de sympathie toujours prêts dont les gens d'action ne se doutent point.

Si la *Correspondance* de Flaubert ne nous présentait pas cet intérêt si hautement humain, quand elle ne renfermerait aucun des aperçus, aucune des vues profondes sur l'art, dont elle regorge, quand elle ne serait pas une sorte de journal des lettres françaises dans la seconde moitié du XIXe siècle, il faudrait encore l'aimer comme une des lectures les plus réconfortantes et les plus honnêtes. Il faudrait la chérir comme un livre de bonne foi, un de ces livres qui vous deviennent amis et auxquels on retourne sans cesse, dans ses heures de doute et de découragement. Aucune de ses œuvres ne fait mieux connaître et aimer Flaubert : c'est là surtout que l'on sent le grand cœur, l'âme généreuse qu'il a été.

*
* *

C'est encore un préjugé très répandu que de considérer Flaubert comme une sorte de nihiliste, surtout en matière sociale et politique. Beaucoup de gens s'y sont trompés, George Sand la première, qui cependant a vécu dans l'intime confidence du maître. C'est parce qu'il a détesté le mensonge de toutes ses forces, parce qu'il l'a attaqué avec une ironie féroce, mais détachée en apparence, qu'on l'a accusé de ne pas croire à la vérité. Pour les gens légers, le mensonge conventionnel n'est-ce point la vérité et la nature? Flaubert écrivait en 1870 à son ami Du Camp, comme s'il éprouvait le besoin de se justifier par avance : « Oui, tu as raison ; nous payons le long mensonge où nous avons vécu, car tout était faux : fausse armée, fausse politique, fausse littérature, faux crédit et même fausses courtisanes. Dire la vérité, c'était être immoral. Persigny m'a reproché tout l'hiver dernier de *manquer d'idéal*[1] ! »

Manquer d'idéal ! Flaubert ne s'expliquait pas une si grossière méprise. En vérité, personne n'a eu d'idéal plus simple ni plus nettement formulé, personne n'a marché au but avec plus de rectitude, quelquefois même avec une raideur un peu stoïcienne. Toute sa vie porte le caractère d'une belle ordonnance esthétique et morale.

De même que, pour lui, le but suprême de l'art,

---

1. *Correspondance*, t. IV, p. 38.

c'est la Beauté, et rien que la beauté, ainsi le but de l'individu, c'est le sacrifice à quelque objet qui le dépasse, le but de la société, c'est la liberté dans la justice. Il a ajouté à ces idées très générales quelques règles pratiques, qu'il a scrupuleusement observées, pendant toute sa vie, avec une rigueur quasi monastique.

D'abord, être bon pour tous, aimer toutes les choses et tous les êtres, comme ils le méritent et suivant leur ordre, quelles que soient nos répugnances instinctives. C'est une règle autant esthétique que morale. Flaubert le disait admirablement dans une lettre à sa maîtresse, Louise Colet : « *Cette rectitude du cœur dont tu parles n'est que la même justesse d'esprit que je porte, je crois, dans les questions d'art.* Je n'adopte pas, quant à moi, toutes ces distinctions de cœur, d'esprit, de forme, de fond, d'âme ou de corps : tout est lié dans l'homme. Il fut un temps où tu me regardais comme un égoïste jaloux qui se plaisait dans la rumination perpétuelle de sa propre personnalité. C'est là ce que croient ceux qui voient la surface… Personne plus que moi n'a au contraire aspiré les autres. J'ai été humer des fumiers inconnus, j'ai eu compassion de bien des choses où ne s'attendrissent pas les gens sensibles. Si la *Bovary* vaut quelque chose, ce livre ne manquera pas de cœur... [1]. »

L'autre règle consiste à se concentrer en soi-même, à recueillir toutes ses émotions en un foyer unique, à ne dépenser son amour ou sa haine que pour des objets qui ne soient pas indignes de nous. Il faut donc fuir la ridicule sentimentalité des bourgeois et leur vaine pitié : « Ils crient contre tous les filous, — dit Flaubert des politiciens, — ils s'enthousiasment à toutes les bonnes actions communes, ils s'apitoient sur chaque innocent qu'on tue, sur chaque chien qu'on écrase... [2]. » Soyons au contraire avares de nos émotions. La pitié, comme la haine véritable, ne se donne qu'à bon escient.

La troisième règle de Flaubert n'est autre, que le précepte antique : « Cache ta vie ! » Ce qu'il voulait dire par là, c'est qu'il ne faut pas étaler sa personnalité, faire parade de ses sentiments bons ou mauvais, battre monnaie, comme certains littérateurs, avec ses propres aventures. Cela est gênant pour autrui et dangereux pour soi-même, car

1. *Correspondance*, t. II, p. 97.
2. *Correspondance*, t. I, p. 158.

on glisse insensiblement au charlatanisme. Ici encore Flaubert ne sépare point la morale de l'esthétique. En art aussi, il faut « cacher sa vie ». Le grand art est impersonnel.

Avec une morale aussi haute et une nature aussi foncièrement bonne, faut-il s'étonner outre mesure que Flaubert ait pris dans la vie l'attitude que l'on sait ? En toute connaissance de cause, il a voulu absolument être le contraire d'un homme d'action [1]. Il a sans cesse professé que l'artiste doit se tenir à l'écart de la politique, dans un isolement superbe, au-dessus des autres hommes. Il a été un des premiers à prêcher « la tour d'ivoire [2] ». Il a mis enfin à défendre cette attitude qu'il s'était composée une outrance si paradoxale que beaucoup de braves gens s'en sont scandalisés.

Cependant bien des raisons l'excusent : d'abord ce qu'on pourrait appeler l'inclémence des temps.

_____

1. Il faut prendre le mot dans toute son acception. Flaubert avait même horreur du mouvement à un point maladif. Il restait des heures entières à sa table de travail dans une immobilité presque effrayante. (Cf. *Journal des Goncourt*, II, p. 156.) Cette horreur du mouvement lui était venue après les premiers accès de sa maladie nerveuse.

2. *Correspondance*, t. II, p. 149.

Il arrive à l'âge d'homme au lendemain de la Révolution de 1848. Il dut éprouver alors la lassitude qu'éprouvait tout le pays. On en avait assez de la politique et des politiciens (il n'est pas tendre pour Lamartine ni pour la République). On avait besoin de se reprendre et de se reposer, fût-ce sous un régime étroitement réactionnaire. Ensuite il ne faut pas oublier que Flaubert s'est ressenti jusqu'au bout de son éducation romantique.

Or, une des conditions nécessaires, en même temps qu'un des grands défauts du romantisme, ç'avait été de brouiller l'artiste avec la vie contemporaine ou, pour mieux dire, avec la Vie. Nous ne comprenons plus très bien cela, nous autres, qui nous flattons de nous être réconciliés avec le réel, d'avoir « rappris le sens de la vie ». Mais il ne faudrait pas être trop injustes pour nos aînés. Nous pouvons sourire aujourd'hui de leurs invectives contre la « société », contre les bourgeois et les mœurs du temps de Louis-Philippe, nous pouvons nous moquer de leur moyen-âge troubadour ou de leur exotisme souvent puéril, ils n'en ont pas moins accompli une tâche nécessaire. En attaquant les mensonges et les laideurs de leur temps, en laissant, comme on dit, la place nette, ils nous ont appris à chérir d'autant ce qui restait sain et vrai sous la fausseté et la corruption de l'époque. Ils nous ont donné le désir d'une humanité plus noble et plus belle. Aujourd'hui encore leur œuvre, malgré ses tendances paradoxales, doit rester pour nous comme un avertissement. L'œuvre de Flaubert en particulier renferme un enseignement sévère et toujours opportun. Par la rigueur de son analyse, par son souci du vrai, par son amour de la pure beauté, il nous dégoûte de la sentimentalité niaise, de l'allégorie banale, du symbolisme creux, des réalités vulgaires. Ces défauts-là sont de tous les temps. Ils ne demandent qu'à refleurir. Enfin par son respect pour le passé antique. — poussé, je le veux bien, jusqu'à la manie, — il nous avertit de ne pas nous estimer trop, de jeter sans cesse nos regards en arrière pour voir si nous n'avons pas trop déchu et si notre humanité est vraiment digne de la même louange que celle d'autrefois.

Il ne faut donc pas trop en vouloir à Flaubert de son romantisme, si le meilleur de lui-même, comme il le disait, lui est venu de là [1]. Mais nous

---

1. *Correspondance*, t. III, p. 307.

sommes bien forcés de reconnaître ici que ce romantisme l'aurait à lui seul empêché d'agir et de donner toute sa mesure, même s'il n'y avait d'autres raisons plus profondes et plus personnelles de cette espèce d'ataraxie, qu'il a pratiquée jusqu'à son dernier moment.

Confessons-le pourtant ; il a été tenté plus d'une fois d'exagérer cette ataraxie et de s'en faire une pose, par besoin inné de cabotinage, pour le plaisir d'étonner ou d'agacer le bourgeois[1] : « Le fonds de ma nature, — écrivait-il, — est, quoi qu'on dise, le *saltimbanque*. J'aurais été peut-être un grand acteur si le ciel m'avait fait naître plus pauvre. Encore maintenant ce que j'aime pardessus tout, c'est la forme pourvu qu'elle soit belle, et rien au delà... Moi, j'admire autant le clinquant que l'or. *La poésie du clinquant est même supérieure en ce qu'elle est plus triste*[2]. » Si nous insistons sur cette tendance, ce n'est pas

---

1. Les Goncourt, dans leur *Journal*, rapportent une anecdote qui est bien curieuse et qui fait presque pardonner à Flaubert, tant il mettait d'ingénuité dans ce rôle d'*épateur*. Cf. t. II, p. 271.

2. *Correspondance*, t. I, p. 113. Il me semble que la dernière phrase rachète par sa sincérité tout ce qu'il y a de sciemment faux dans le passage.

pour en blâmer Flaubert, puisqu'il en a eu une conscience très claire et qu'il a lutté énergiquement contre elle. Ses livres sont là pour en témoigner. Mais, s'il nous choque souvent par l'espèce d'impudeur qu'il met dans ses paradoxes, par le grossissement monstrueux qu'il inflige au ridicule et à la sottise, par l'exagération de ses partis pris, il faut se rappeler que, chez lui, ce travers est moins voulu qu'il n'est subi.

Ajoutons que Flaubert a été un malade toute sa vie. Les premières attaques de sa maladie le frappèrent si terriblement, qu'il avait honte de lui et n'osait même plus sortir[1]. De bonne heure, il se crut condamné à la réclusion perpétuelle. Le mal, dont il ne se guérit jamais, laissa en lui un trouble nerveux qui ne contribua pas médiocrement à lui faire voir toutes les choses sous leur pire aspect. Il n'est que de lire ses lettres pour voir jusqu'à quel point sa sensibilité s'était exaspérée : « S'il suffisait d'avoir les nerfs sensibles pour être poète, je vaudrais mieux que Shakespeare et qu'Homère, lequel je me figure avoir été un homme peu nerveux. Cette confusion est impie (de la poé-

---

1. Cf. Maxime Du Camp, *Souvenirs littéraires*, Revue des Deux Mondes, 1er octobre 1881, p. 190.

sie, de l'art et de la sensibilité), j'en peux dire quelque chose, moi qui ai entendu à travers des portes fermées parler à voix basse des gens à trente pas de moi, moi dont on voyait, à travers la peau du ventre, bondir tous les viscères et qui parfois ai senti, dans la période d'une seconde, un million de pensées, d'images, de combinaisons de toutes sortes qui jetaient à la fois dans ma cervelle comme toutes les fusées allumées d'un feu d'artifice[1]. »

On ne saurait trop faire remarquer combien cette maladie nerveuse toucha profondément Flaubert. Maxime Du Camp va jusqu'à dire qu'elle marque un arrêt définitif dans son développement et que, sans elle, il aurait eu du génie. Ce n'est qu'une vilaine insinuation. Il n'en est pas moins vrai que Flaubert souffrit cruellement de se savoir malade. La torture morale de son infirmité s'ajoutait à ses souffrances physiques. Il en laissa échapper l'aveu devant un des Goncourt[2]. Du jour

---

1. *Correspondance*, t. II, p. 81.

2. « Flaubert, que je rencontre allant faire exempter du service militaire son domestique à propos d'une varicocèle, me dit : « Moi je préférerais être militaire à avoir une infirmité... à savoir même tout seul que j'en ai une... Oui, j'ai-

où il fut atteint il crut fermement que la vie qu'il avait rêvée était finie. Lui qu'une de ses amies d'enfance comparait « à un jeune Grec... grand, mince, souple et gracieux comme un athlète [1] », lui qui avait eu une adolescence si robuste, qui avait caressé tous les rêves d'une vie héroïque et splendide, il allait prendre rang parmi les infirmes. Pour se rendre compte de l'espèce de terreur devant la vie, de découragement irrémédiable qui s'empara de lui à cette époque, il faut lire la page où Maxime Du Camp nous raconte une des crises dont il a été témoin : « Toujours elles se produisaient de la même façon et étaient précédées des mêmes phénomènes. Tout à coup, sans motif appréciable, Gustave levait la tête et devenait très rouge ; il avait senti *l'aura*, ce souffle mystérieux qui passe sur la face comme le vol d'un esprit ; son regard était plein d'angoisse et il haussait les épaules avec un geste de découragement navrant ; il disait : « J'ai une flamme dans l'œil gauche » ; puis quelques secondes après :

---

merais mieux servir sept ans que d'avoir la conscience que j'en ai une... d'infirmité. *Journal des Goncourt*, t. III, p. 32.

1. Cette admiratrice est Gertrude Collier, plus tard madame Tenmant. Cf. *Correspondance de Flaubert*, Introduction par madame Caroline Commanville, p. XV.

« J'ai aussi une flamme dans l'œil droit ; tout me semble couleur d'or ». Cet état se prolongeait quelquefois pendant plusieurs minutes. A ce moment, cela était visible, il comptait en être quitte pour une alerte, puis son visage pâlissait et prenait une expression désespérée ; rapidement, il marchait, il courait vers son lit, s'y étendait morne, sinistre, comme il se serait couché tout vivant dans un cercueil ; puis il s'écriait : « Je tiens les guides ! Voici le roulier, j'entends les grelots ! Ah ! je vois la lanterne de l'auberge [1]. » Alors il poussait une plainte dont l'accent déchirant vibre encore dans mon oreille, et la convulsion le soulevait... [2]. »

J'ai rapporté ce passage et j'ai insisté sur le milieu de Flaubert et sur les chances mauvaises qu'il rencontra, pour expliquer davantage sa conduite et aussi pour le justifier d'attaques malveillantes ou inconsidérées. Avons-nous le droit de blâmer cet homme qui, convaincu qu'il est inutile ailleurs que dans l'art, qui, se considérant comme frappé

---

1. Sa première attaque avait eu lieu sur la route de Pont-Audemer en rencontrant un chariot de roulier, tout proche d'une auberge de Bourg-Achard. Cf. Maxime Du Camp, *loc. cit.*, p. 18.

2. Maxime Du Camp, *loc. cit.*, p. 18.

de déchéance sociale et politique par sa maladie, se renferme jalousement dans sa retraite pour se vouer à son œuvre de toute son âme et de toutes ses forces ? J'avoue mon faible. Si je ne l'aimais comme je l'aime, non seulement je l'excuserais, mais je l'admirerais encore d'avoir fait ce qu'il a fait. Je mets de côté ces scrupules si honorables et si rares de l'artiste, cette peur du vulgaire, qui déjà lui conseillaient de faire la solitude et le silence autour de son labeur : est-ce qu'il n'a pas acquis une grandeur unique à vaincre son irritabilité nerveuse, sa « nature de saltimbanque », comme il disait, ses outrances et ses cris de frénétique, pour composer l'œuvre harmonieuse et sereine qu'il a laissée ? On lui reproche à tort son insensibilité. En réalité, il n'a été dur que pour lui-même. Il a été un véritable stoïque, une âme de fer, comme les héros de ce Corneille, qu'il aimait non seulement par patriotisme de clocher, mais par une réelle affinité de génie. L'effort surhumain de sa volonté a conféré à sa vie la même valeur qu'à ses livres.

*
* *

Voilà donc Flaubert retiré à Croisset, dès l'âge de vingt-deux ans [1], sous le coup du mal qui le guette sans cesse, au milieu des deuils domestiques qui se succèdent, sans autre compagnie qu'une mère toujours triste. Quand, avec le temps, il a repris goût à la vie, après son voyage en Orient et ses premiers essais littéraires, il se trace une ligne de conduite [2] dont il ne s'écarte plus d'un pouce jusqu'à sa mort. Il est entendu qu'il est désormais muré dans son cabinet de Croisset et que jamais il ne se mêlera d'agir. Il a même, pour ce qu'on appelle communément « les hommes d'action », un incommensurable mépris : « L'action m'a toujours dégoûté au suprême degré, — écrit-il à madame Colet ; — elle me semble appartenir au côté animal de l'existence (qui n'a senti la fatigue de son corps ! combien la chair lui pèse !), *mais quand il l'a fallu ou quand il m'a plu, je l'ai menée, l'action, et raide, et vite et bien...*

---

1. La première attaque de Flaubert avait eu lieu en octobre 1843. Cf. Maxime Du Camp, *loc. cit.*, p. 18.

2. Voir une lettre à Maxime Du Camp, *Correspondance*, t. II, p. 147.

Le père Degasc (ancien pair de France, ami de mon père) en était si ébahi qu'il voulait *sérieusement* me faire entrer dans la diplomatie, prétendant que j'avais de grandes dispositions pour l'intrigue. *Ah! quand on sait peloter les métaphores, on peut bien rouler des imbéciles...* [1]. »

Inutile de dire qu'il a le même dédain pour les mœurs, les institutions et la politique de son temps. Mais s'il ne veut pas agir, il ne s'interdit pas de juger et de penser. Les choses du dehors font perpétuellement irruption dans sa solitude, comme les visions qui obsédaient son saint Antoine. Sa colère l'emporte en des accès furieux [2]. Puis son intelligence reprend le dessus. Il se souvient de la grande sympathie qu'il a promise à toutes choses. Il regarde le bourgeois et sa politique avec un sentiment voisin de la pitié : *sa stupidité l'attire.* Le spectacle du monde peut être bête ; il faut le comprendre. Notre dignité n'est qu'en cela. Et c'est

---

1. *Correspondance*, t. II, p. 177.

2. « Je sens contre la bétise de mon époque des flots de haine qui m'étouffent. Il me monte de la m... à la bouche comme dans les hernies étranglées. Mais je veux la garder, la figer, la durcir : j'en veux faire une pâte dont je barbouillerai le xixe siècle, comme on dore de bouse de vache les pagodes indiennes... » *Correspondance*, t. III, p. 19.

ainsi que cet homme, qui a tant honni la politique,
est un de ceux qu'elle a le plus préoccupés.

Évidemment, de bons esprits peuvent trouver
qu'il n'y entendait rien, qu'il se mêlait de ce qu'il
ne comprenait pas, qu'il lui était trop facile enfin,
quand il attaquait les politiciens, d'exécuter des
gens qu'il méprisait à priori. Malgré tout, s'il a
souvent parlé de la politique avec fureur et dégoût,
il en a parlé aussi avec une émotion généreuse, et,
quelquefois, avec une justesse et une pénétration
qui sont assez rares chez les autres littérateurs de
son temps.

Il signait un jour une de ses lettres : « Ami de
Franklin et de Marat, factieux et *anarchiste* de premier ordre et désorganisateur du despotisme dans
les deux hémisphères depuis vingt ans [1] ! » Il
avait l'air de plaisanter, mais en somme il se ju-
geait bien. Le vrai fonds de Flaubert, c'est la haine
du Pouvoir. Il hait l'autorité sous toutes ses formes
et dans toutes ses manifestations. Comme homme
de lettres, il en veut d'abord à la censure : « Voilà

---

1. *Correspondance*, t. III, p. 182.

le sieur Augier employé à la police ! Quelle charmante place pour un poète et quelle noble et intelligente fonction que celle de lire les livres destinés au colportage ! Mais est-ce que ça a quelque chose dans le ventre, ces gaillards-là ? C'est plus bourgeois que les marchands de chandelle... Il faut le dire : il y a de par le monde une conjuration générale et permanente contre deux choses, à savoir : la poésie et la liberté... [1]. » Il ne respecte pas plus les autres institutions. Tout y passe, le clergé, l'armée, la magistrature, l'université : « La justice humaine est, pour moi, ce qu'il y a de plus bouffon au monde ; un homme en jugeant un autre est un spectacle qui me ferait crever de rire, s'il ne me faisait pitié [2]. » Plus tard, écrivant à madame Roger des Genettes : « Le P. Didon m'a donné hier de vos nouvelles.,, Quel malheur qu'il soit moine ! Je ne crois jamais à l'esprit libéral des corporations, elles obéissent à un mot d'ordre et je déteste autant messieurs les militaires que messieurs les ecclésiastiques... [3]. »

Sans doute il ne faut pas attribuer à ces décla-

---

1. *Correspondance*, t. II, p. 162.
2. *Id.*, t. I, p. 47.
3. *Id.*, t. III, p. 254.

rations plus d'importance qu'elles n'en ont. On retrouve là, avec l'exagération romantique, la pose habituelle de Flaubert. Mais ce qui ressort de tout cela c'est que nul n'a été un individualiste plus intransigeant. C'est précisément pourquoi nous le verrons tout à l'heure attaquer le socialisme, oppresseur de l'individu.

A ce titre, il tient médiocrement à l'idée de Patrie. On le lui a reproché, même dans son entourage, comme un mauvais sentiment : « Tu me dis ironiquement — répond-il à madame Colet — que je fais peu de cas du patriotisme, de la générosité et du courage. — Oh ! non, j'aime les vaincus, mais j'aime aussi les vainqueurs. — Cela est peut-être difficile à comprendre, mais c'est vrai. — Quant à l'idée de patrie, c'est-à-dire d'une certaine portion de terrain dessinée sur la carte et séparée des autres par une ligne rouge ou bleue, non, la patrie est pour moi le pays que j'aime, c'est-à-dire celui que je rêve, celui où je me trouve bien. — Je suis autant Chinois que Français et je ne me réjouis nullement de nos victoires sur les Arabes, parce que je m'attriste à leurs revers. — J'aime ce peuple âpre, persistant, vivace, dernier style des sociétés primitives et qui, aux haltes de midi, couché à l'ombre sous le ventre de ses chamelles, raille, en fumant son chibouk, notre brave civilisation qui en frémit de rage[1]. » Plus tard il écrivait encore : « Il fut un temps où le patriotisme s'étendait à la cité, puis le sentiment peu à peu s'est élargi avec le territoire. Maintenant l'idée de Patrie est, Dieu merci ! à peu près morte et on en est au socialisme, l'humanitarisme (si l'on peut s'exprimer ainsi). Je crois que plus tard on reconnaîtra que l'amour de l'humanité est quelque chose d'aussi piètre que l'amour de Dieu, on aimera le juste en soi, le beau pour le beau : le comble de la civilisation sera de n'avoir besoin de ce qui s'appelle *aucun bon sentiment*[2]. »

Il faut bien avouer qu'ici la pensée de Flaubert est confuse et qu'elle risque de paraître tout d'abord un gros paradoxe ou une impiété. Notons d'ailleurs qu'il n'écrit pas un traité didactique, qu'il jette ses idées dans une lettre, au hasard des impressions : ce qui l'excuse déjà. Mais ne nous hâtons pas de le condamner. Essayons de voir ce qu'il a voulu dire.

Il est de toute évidence qu'il rejette le patriotisme vulgaire des foules, ce patriotisme qui s'ap-

---

1. *Correspondance*, t. I, p. 116.
2. *Id.*, t. II, p. 230.

prend dans les journaux, ou que l'autorité impose, qui n'est enfin que la haine de quelque chose ou de quelqu'un. Sous la Terreur, être patriote, c'était acclamer Robespierre, applaudir aux guillotinades, hurler contre Pitt et Cobourg. Sous Louis-Philippe, être patriote, c'était crier : « A bas Guizot ! » s'échauffer pour l'affaire Pritchard, brailler *le Rhin allemand* et les chansons de Béranger. Rien de plus étroit et de plus stérile.

Néanmoins, il est trop évident, aussi, qu'à cette époque-là, aux environs de 1848, — avec son culte abstrait de l'Humanité, de la Justice, de la Beauté, — Flaubert a trop ignoré la solidarité, consciente ou non, qui unit tous les hommes d'un même pays, en raison des services qu'ils se rendent dans un labeur commun. On a beau essayer de se mettre à part, comme un être abstrait, sans lien avec le présent ni le passé, on n'agit jamais seul. Notre effort s'accroît de tout celui des hommes qui nous ont précédés ou qui nous entourent. Que nous le voulions ou non, nous avons besoin d'eux et nous leur devons au moins de la bienveillance. Flaubert avait une intelligence trop grande pour ne pas s'en rendre compte. Il le reconnaissait même, quand il laissait de côté ses théories chagrines. Lui qui détestait si fort les bourgeois, il a parlé avec une véritable piété filiale de son père, qui fut un grand bourgeois [1]. Il savait bien tout ce qu'il lui devait de vigueur morale et tout ce qu'il avait retenu de son exemple. La page qu'il lui a consacrée dans *Madame Bovary*, où il l'a représenté sous les traits du docteur Larivière, est une des plus belles et des plus émues qu'il ait écrites.

Il a raillé l'industrie moderne; nous l'avons vu tout à l'heure se moquer de la civilisation. Mais vienne le moment où tout cela sera menacé par la barbarie, il comprendra bien vite qu'il y va du labeur séculaire de toute une nation, qu'on n'a pas le droit d'y toucher, que cela est respectable et presque sacré. Dès le début de la guerre allemande, c'est lui, le grand contempteur du progrès et de l'industrialisme moderne, qui écrivait à George Sand : « L'irrémédiable barbarie de l'humanité m'emplit d'une tristesse noire,,. *Je pleure les ponts coupés, les tunnels défoncés, tout ce travail humain perdu, enfin une négation si radicale* [2]. » Songeant à la douceur charmante de cette société

---

1. Sur le père de Flaubert, voir Maxime Du Camp, *Revue des Deux Mondes*, 1er octobre 1881, pp. 485 et suiv.

2. *Correspondance*, t. IV, p. 28.

du Second Empire, maintenant balayée par la tourmente, il se laisse aller à toute sa désolation : « Ah! mon cher Popelin, comme la rue de Courcelles est loin! Quel rêve! Quel souvenir enchanté! Cette maison-là (celle de la princesse Mathilde) m'apparaît maintenant comme le Paradis terrestre [1]. » Il le sentait bien, — ce raffinement des mœurs, cette élégance, ce luxe, c'était de la France encore : c'était le fruit suprême d'une longue culture, et d'innombrables efforts. Il aimait comme personne toutes ces choses exquises.

Dire, après cela, qu'il a eu l'amour et l'orgueil des lettres françaises, que le patriotisme dont il était capable il en a mis la plus grande part dans ce culte, ce n'est rien dire que tout le monde ne sache. Mais il y a plus : les souvenirs d'enfance, les liens de famille, l'attachement à un pays, tout ce qu'il y a de meilleur et de plus pur dans le sentiment de la patrie, Flaubert tenait extrêmement à tout cela et il en a souvent parlé avec une réelle abondance de cœur. Il restait fidèle au souvenir de ses morts. C'est lui qui a écrit : « Il y a des endroits de la terre si beaux qu'on a envie de la ser-

---

1. *Correspondance*, t. IV, p. 35.

rer contre son cœur [1]. » Son ardente sympathie lui embellissait toutes choses, jusqu'à sa Normandie que, dans ses heures moroses, il affectait de dénigrer. Il en a célébré les moindres villages [2]. Il chérissait son vieux Rouen, il l'a décrit non seulement avec une patience et une sagacité d'antiquaire (voir la description de la cathédrale dans *Madame Bovary*), mais avec un accent de dévotion, où se mêlent la reconnaissance du gastronome et l'orgueil patriotique. Et voilà comment cet homme, qui n'admettait d'autre idéal que celui de la Justice et de la Beauté, qui aurait voulu vivre à mille lieues de ses semblables et qui enviait la solitude du Bédouin sous sa tente, s'est trouvé lié à un coin de terre par des souvenirs et des affections de toute espèce, — et cela au point de n'en pouvoir plus bouger. Son imagination folle a beau l'emporter vers des rêves de voyages impossibles, il a beau se monter la tête dans son cabinet de Croisset, — c'est son Croisset qu'il aime. Sa maîtresse elle-même ne parvient pas à l'en faire sortir.

Voilà sans doute bien des correctifs à la hautaine, à l'inhumaine théorie qu'il professait. Comme

---

1. *La Tentation de saint Antoine.*
2. Voir dans la *Correspondance, passim.*

il fallait s'y attendre avec une nature aussi riche que la sienne. l'idée de Patrie, dans ce qu'elle a de plus antique et de plus doux, a pris corps à ses yeux : culte du foyer, de la terre natale, des affections de famille, habitudes insensibles du milieu et de l'éducation. Qu'un beau jour il soit atteint dans tous ces sentiments, alors il franchira d'un bond la distance qui le sépare du patriote vulgaire. Lui aussi il connaîtra la haine, le besoin sauvage du meurtre et des représailles. Il écrivait à George Sand, en 1870 : « Le sang de mes aïeux, les Natchez ou les Hurons, bouillonne dans mes veines de lettré, et j'ai sérieusement, bêtement, animalement envie de me battre!... J'ai lu des léttres de soldats qui sont des modèles. On n'avale pas un pays où l'on écrit des choses pareilles... Nous sommes décidés ici à marcher tous sur Paris, si les compatriotes d'Hegel en font le siège. Tâchez de monter le bourrichon à vos Berrichons. Criez-leur : *Venez à moi pour empêcher l'ennemi de boire et de manger dans un pays qui lui est étranger...* [1]. »

Ceux qui ont durement reproché à Flaubert son manque de patriotisme n'ont sans doute pas

____

1. *Correspondance*, t. IV, p. 39.

médité ces lignes. Il y en a beaucoup d'autres semblables dans le IVe volume de la *Correspondance*.

Faut-il conclure qu'il y a contradiction entre la conduite de Flaubert et ses idées ! Nous croyons que la contradiction n'est qu'apparente. Laissons de côté ses paradoxes, oublions ses accès d'humeur noire, qu'on a injustement exploités contre lui. Nous nous trouverons en présence d'une doctrine très fière, qui risque fort de rester toujours un idéal impossible, mais qu'il a instinctivement humanisée, en la faisant passer dans sa conduite et en l'interprétant dans ses œuvres.

*
* *

Nous avons dit que Flaubert avait voulu être le contraire d'un homme d'action. Il faut entendre cette formule. Il s'agit ici de l'action commune, qui n'est, à ses yeux, qu'une image de l'action véritable. S'il ne s'était pas cru condamné à la réclusion, comme un moine, il aurait aimé agir dans le monde à la façon des héros ou des aventuriers. Lui-même prétendait retrouver, au fond de son être, comme l'écho lointain d'existences antérieures pleines de hasards et de tumultes : « J'ai été batelier sur le Nil, *leno* à Rome du temps des guerres puniques, puis rhéteur grec dans Suburre, où j'étais dévoré de punaises. Je suis mort pendant la croisade pour avoir trop mangé de raisin sur la plage de Syrie. J'ai été pirate et moine, saltimbanque et cocher. Peut-être empereur d'Orient aussi... [1]. » Il est certain qu'il y a bien de la *littérature* dans tout cela, mais il est certain aussi que l'action sous toutes ses formes le tente, pourvu qu'elle soit audacieuse, énergique. extraordinaire et démesurée. Il adorait les fanatiques [2]. Il distinguait malaisément les élans de l'amour ou de la charité des élans éperdus de la pensée. Mâtho qui est la Force lui plaît autant que saint Julien l'Hospitalier qui est l'Amour divin.

Ne pouvant être un *fanatique* de ce genre, il a été du moins un fanatique de l'art. Il a recueilli toutes ses forces, il s'est concentré jalousement en lui-même, pour donner le maximum de son effort. Comme l'écrivait, un jour, Paul Adam : « Il

---

1. *Correspondance*, IV, p. 300.

2. *Id.*, II, p. 193. Voir aussi ce qu'il dit de Voltaire, IV, p. 158.

dut vivre des heures de miracle dans l'ivresse de la connaissance [1]. »

Doué d'une activité intérieure aussi dévorante, il est naturel qu'il se soit trouvé de prime abord en violente contradiction avec les hommes de son temps et de sa caste, les *bourgeois*. Il les juge en idéaliste exalté qui ne veut rien savoir des nécessités de la pratique. Je sais bien que cela n'est guère de mode aujourd'hui. Nous ne jugeons plus d'après des principes absolus. Nous sommes devenus des réalistes, des relativistes, des pragmatistes, quoi encore? Tout ce qui concourt à l'utilité sociale ou nationale a droit à notre respect. Le citoyen Homais lui-même, à l'envisager d'une certaine façon, n'est point si méprisable. Mais prenons garde de tomber dans le même excès que Flaubert et de nier à notre tour l'idéal, comme il niait la pratique. Au fond, son point de vue est celui de la morale chrétienne. Ce qu'il attaque au nom de l'art, c'est ce que les orateurs de la chaire ont attaqué, de tout temps, au nom de la religion. En dehors de Dieu, tout n'est que vanité. Nous avons beau y mettre plus d'élégance que les bour-

---

1. Préface du *Mystère des foules*.

geois d'autrefois, nous divinisons, nous rendons presque sacrées des choses qui sont misérables en elles-mêmes et qui ne deviennent dignes de notre amour, ou de notre révérence, que dans leur rapport avec ce qui ne passe point.

Ces réserves faites, suivons Flaubert dans ses invectives. Ce qu'il reproche d'abord aux bourgeois, ce qui lui répugne instinctivement chez eux, c'est leur manque d'énergie, leur veulerie morale, lqur nullité intellectuelle. D'où l'incohérence de leur conduite, mal dissimulée par la tenue extérieure, le vernis de l'éducation et des idées reçues. *Ils ne savent pas agir;* voilà le principal grief de Flaubert contre eux. Volontiers, il les appellerait, comme Théophile Gautier, « des néants fluides » [1]. Cette incohérence de l'action due à la faiblesse de la volonté, c'est pour lui comme le stigmate du bourgeois, c'est à ce signe que l'on reconnaît tous ceux qu'il a dépeints, depuis Charles Bovary jusqu'à Bouvard et Pécuchet. Ils s'agitent bien pour de petites satisfactions d'amour-propre ou d'intérêt, mais ils sont prêts à abandonner l'action commencée, pour peu qu'elle les engage trop loin, ou qu'elle les compromette. Ce seront des *potdeviniers*

---

1. Cf. *Journal des Goncourt*, III, p. 9.

et des tripoteurs, mais ils seront incapables d'édifier
une de ces fortunes colossales dont se joue l'audace
des aventuriers américains ; ils perpétreront bien
mille petites vilenies, mais ils ne commettront jamais « un beau crime ». Aussi quelle chose amor-
phe, quel gâchis que la vie qu'ils mènent ! Voici
l'un d'eux, M. Dambreuse, banquier et titré, mais
cachant sa noblesse par courtisanerie démocratique. Il meurt tout à coup, rongé par une foule
d'ambitions mesquines, déçu par la Révolution de
Février qui a réduit à néant ses petits calculs,
trompé par la politique comme par sa femme et
obligé de compter avec un nouveau régime qui va
naître. Il meurt et tout le monde s'effare de cons-
tater le peu de place qu'il tenait : « Elle était finie cette existence pleine d'agitations ! Combien
n'avait-il pas fait de courses dans les bureaux,
aligné de chiffres, tripoté d'affaires, entendu de
rapports ! Que de boniments, de sourires, de cour-
bettes ! Car il avait acclamé Napoléon, les Cosa-
ques, Louis XVIII, 1830, les ouvriers, tous les ré-
gimes, *chérissant le Pouvoir d'un tel amour qu'il
aurait payé pour se vendre...* [1]. »

---

1. *L'Éducation sentimentale,* p. 461. — Noter que le bour-

A côté du bourgeois homme d'affaires et politicien, il y a aussi le bourgeois instruit et sentimental, — autre variété que Flaubert ne déteste pas moins vigoureusement et qui se reconnaît encore à la mollesse du caractère, à l'indécision de la volonté. Celui-là c'est le dilettante, le bibeloteur, le monsieur qui a des désillusions, « qui se figurait Venise autrement qu'elle n'est », qui patauge dans la passion comme dans l'art et qui, par paresse, finit par s'endormir dans un bien-être opaque, tout entier à de petites satisfactions de luxe, à de petits jeux de société, à de petites émotions anodines fabriquées par des romanciers ou des poètes à sa ressemblance. C'est Léon, le clerc de notaire, Frédéric Moreau, Emma Bovary.

« Voilà — concluait Flaubert, — voilà la race commune des gens qui sont à la tête de la société. Dans quel gâchis nous pataugeons ! quel niveau ! *quelle anarchie !* La médiocrité se couvre d'intelligence. Il y a des recettes pour tout, des mobiliers voulus et qui disent : « Mon maître aime les arts. Ici on a l'âme sensible. Vous êtes chez un

---

geois dont il s'agit est un fils dégénéré des grands bourgeois de la Révolution et de l'Empire dont le César Birotteau de Balzac est le type.

homme grave ! » Et quels discours ! Quel langage ! Quel commun ! Où aller vivre, miséricorde ! Saint Polycarpe avait coutume de répéter en se bouchant les oreilles et en s'enfuyant du lieu où il était : « Dans quel siècle, mon Dieu, m'avez-vous fait naître ! » Je deviens comme saint Polycarpe [1]. » Il est à noter encore une fois que ce qui frappe Flaubert dans la vie des bourgeois, c'en est le désordre. En homme qui ne sépare point la morale de l'esthétique, il en est choqué comme d'une faute contre l'harmonie. Et pourtant ce sont ces hommes, qui passent pour des « hommes d'ordre ». Flaubert n'a pas assez d'invectives pour conspuer ce mensonge.

Aussi, avec quel entrain il flagelle les institutions bourgeoises ! Comme il démasque les nullités en costume de préfet, de diplomate, de ministre ! « M. L... est conseiller municipal de Darnétal. Ici nous renonçons à peindre. Ses parents sont dans le ravissement. Je t'assure que, quand je pense à cela, je me sens emporté dans un océan de rêveries... [2]. » Ce qu'il attaque ici, outre la sottise du personnage, c'est l'institution du suf-

---

1. *Correspondance,* II, p. 300.
2. *Id.*, III, p. 26.

frage universel qui permet cette plus-value de la médiocrité. Inutile de le citer ; ce qu'il a dit du suffrage universel a été cent fois répété depuis. Il y voit la plus criante des injustices.

De ce que Flaubert méprise la démocratie moderne, de ce qu'il a horreur de la foule, devons-nous en déduire que le peuple n'existe pas à ses yeux et qu'il n'en tienne aucun compte ? Pas le moins du monde. Il proclame qu' « il faut respecter la masse, si inepte qu'elle soit, parce qu'elle contient des germes d'une fécondité incalculable. Donnez-lui la liberté, mais non le pouvoir [1]. » Au fond, comme tous les vrais artistes, il aime le peuple, quand il reste peuple, quand il n'est pas gâté par une fausse et prétentieuse éducation, quand il se borne à faire son travail, à accomplir parfaitement sa fonction. Flaubert, ce bon géant, avec son encolure de portefaix, était extrêmement populaire. Pendant son voyage en Orient, il écrivait à sa mère : « Je ne sais pas ce que j'ai, mais je suis adoré à bord [2]. » Son domestique Narcisse avait pour lui un dévouement qui touchait au fanatisme. Madame Franklin-Grout rappelle, à pro-

---

1. *Correspondance,* t. IV, p. 80.
2. *Id.,* I, p. 224.

pos de ce dernier, une anecdote bien significative :
« Un jour il était rentré complètement ivre. Mon
oncle l'aperçut assis, ou plutôt tombé sur une
chaise, dans sa cuisine. Il l'aida à gagner sa chambre et à s'étendre sur son lit. Narcisse alors, d'un
air suppliant : « Ah ! Monsieur, mettez le comble à vos bontés, retirez-moi mes bottes ! » Et ce
fut fait par le maître si indulgent. »

S'il n'est pas doux pour les démocrates, il ne
l'est pas davantage pour les conservateurs. Non
seulement il les houspille dans sa *Correspondance*, mais il les ridiculise dans ses romans. On
dirait qu'il s'y acharne. Le marquis de Vaubyes-
sard, dans *Madame Bovary*, le vicomte de Cisy,
dans *l'Éducation sentimentale*, le comte de Faverges, dans *Bouvard et Pécuchet* sont tout près
d'être des grotesques. Ils peuvent fraterniser avec
ceux du parti adverse, les Regimbard et les Sené-
cal, — les « citoyens » piliers d'estaminets et les
pions doctrinaires. Déjà dans *Madame Bovary*,
Flaubert nous avait fait pressentir l'alliance du
pharmacien Homais et du curé Bournisien.

Ils ont beau professer des doctrines contraires,
conservateurs et démocrates sont une même race
d'hommes aux yeux de Flaubert : *ce sont des*

bourgeois. Ils sympathisent dans une lâcheté commune, dans une même impuissance d'agir. Ils sont « ivres d'autorité », prêts à acclamer tout pouvoir fort qui se présente, et, pour sauver leurs rentes et leur tranquillité, prêts à toutes les compromissions. Chez les uns comme chez les autres, même désarroi intellectuel et moral, même incohérence. Par la faiblesse de leur volonté, par la nullité de leurs idées, ils sont au niveau de la populace. Ils ont ses plaisirs, ils lisent les mêmes journaux, ils se régalent de la même musique, ils ont la même crasse ignorance [1].

Quand ils veulent agir, les conservateurs s'y prennent exactement de la même façon que les démocrates. Ils flattent la foule, quitte à l'asservir après. Comme leurs adversaires, c'est uniquement sur la foule qu'ils s'appuient. Le comte de Faverges, qui veut renverser la monarchie de Juillet, répand des brochures, qui sont des appels au peuple et qui réclament énergiquement le suffrage universel [2]. Et ce conservateur est un partisan du comte de Chambord.

Conservateurs et démocrates ont encore en

---

1. *Lettre au Conseil municipal de Rouen.*
2. Cf. *Bouvard et Pécuchet*, p. 192.

commun le culte de l'argent. C'est par l'argent qu'on agit sur la foule, qu'on obtient les places et les honneurs. C'est pourquoi la noblesse d'aujourd'hui s'accoquine volontiers avec les hommes d'affaires. Elle se lance dans l'industrie et la spéculation. Le comte de Faverges, le légitimiste de tout à l'heure, s'occupe d'élevage en grand et de culture intensive. Il donne sa fille à un ancien élève de l'École polytechnique, à la fois baron et ingénieur. Les conservateurs ont tous les travers, tous les appétits et toutes les ambitions de ceux qu'ils combattent. Enfin, — et voilà où éclate surtout l'incohérence des bourgeois, — eux qui ont si fort le respect du Pouvoir, ils ne reculent pas devant les plus grossières calomnies, pour vilipender ce même Pouvoir, dès qu'il devient hostile à leurs intérêts. Ces hommes d'ordre emploient les pires moyens révolutionnaires. Ces partisans de l'absolutisme commencent par tuer dans le peuple le sentiment de l'Autorité. Et ainsi, quand ils triomphent, ils n'ont fait qu'assouvir des haines. Ils n'apportent avec eux aucune idée nouvelle, ils n'ont pas réalisé un progrès sur leurs adversaires. Tout est éternellement à recommencer.

Non moins vigoureusement que le bourgeois,

Flaubert déteste « l'odieux ouvrier ». Il abomine le socialisme. Cela ne l'a point empêché de pratiquer les écrivains socialistes, d'abord en vue de son roman, *l'Éducation sentimentale*, et ensuite pour son édification personnelle. Il écrivait à madame Roger des Genettes : « Je pourrai, dans quelque temps, faire un cours sur le socialisme : j'en connais du moins tout l'esprit et le sens. Je viens d'avaler Lamennais, Saint-Simon, Fourier et je reprends Proudhon d'un bout à l'autre. Si on ne veut *rien* connaître à tous ces gens-là, c'est de lire les critiques et les résumés faits sur eux : car on les a toujours réfutés ou exaltés, mais jamais exposés. Il y a une chose saillante et qui les lie tous : c'est la haine de la liberté, la haine de la révolution française et de la philosophie. Ce sont tous des bonshommes enfoncés dans le passé. Et quels cuistres ! quels pions ! Des séminaristes en goguette, ou des caissiers en délire [1] ... »

Flaubert leur adresse les mêmes reproches qu'aux conservateurs et aux bourgeois. D'abord ils apportent des systèmes tout faits qu'ils veulent imposer de force. Ils accordent trop au sentiment,

---

1. *Correspondance*, III, p. 268.

à une vague fraternité, à une pitié amollissante. Eux aussi ils sont ivres d'autorité, qui substituent la tyrannie de l'Etat à celle d'un particulier ou d'une caste. Flaubert épingle comme typique cette phrase de Raspail : « Les médecins devraient être des magistrats, afin de forcer..., etc. » Mais toutes ces critiques ont un peu perdu de leur valeur maintenant qu'elles sont tombées dans le domaine banal. Il est cependant équitable de reconnaître que Flaubert a été un des premiers à les formuler. En voici une, du moins, qui a conservé toute son actualité. Il blâme les socialistes de ne pas avoir le *sentiment de la douleur*, de croire que l'humanité sera heureuse, quand elle aura donné satisfaction aux besoins matériels. « O socialistes, c'est là votre ulcère : l'idéal vous manque et cette matière même, que vous poursuivez, vous échappe des mains comme une onde [1] ».

Évidemment de telles critiques ne s'appliquent plus aussi justement au socialisme contemporain qu'à celui des Fourier et des Proudhon. Il est à noter d'ailleurs que Flaubert ignore le socialisme allemand.

---

1. *Correspondance*, II, p. 228

En tout cas, le vice radical du socialisme aux yeux de Flaubert, c'est de commencer par la fin, c'est de faire passer les besoins matériels avant les besoins intellectuels et moraux. Il faut s'instruire, connaître le monde et l'homme, avant d'entreprendre de réformer l'humanité : « La question est donc déplacée. Il ne s'agit plus de rêver la meilleure forme de gouvernement, puisque toutes se valent, mais de *faire prévaloir la Science*. Le reste s'ensuivra fatalement. Les hommes purement intellectuels ont rendu plus de services au genre humain que tous les saint Vincent de Paul du monde ! Et la politique sera une éternelle niaiserie, tant qu'elle ne sera pas une dépendance de la science. Le gouvernement d'un pays doit être une section de l'Institut, et la dernière de toutes [1] ».

C'est au milieu de ce beau rêve que la guerre allemande vint surprendre Flaubert. Ce fut un coup terrible dont il ne se releva jamais. Lui qui n'avait guère d'illusions, il s'était pourtant accou-

---

1. *Correspondance*, III, p. 389.

tumé à croire que les guerres de races n'étaient
plus possibles. Et voilà que, tout à coup, il se trou-
vait rejeté en pleine barbarie : « Ah! lettrés que
nous sommes! L'humanité est loin de notre idéal!
et notre immense erreur, notre erreur funeste,
c'est de la croire pareille à nous et de vouloir la
traiter en conséquence [1]. » — « Le bon Français
veut se battre : 1° parce qu'il se croit provoqué par
la Prusse; 2° parce que l'état naturel de l'homme
est la sauvagerie ; 3° *parce que la guerre contient en soi un élément mystique qui transporte
les foules...* Je connais maintenant le fond du Parisien et je fais dans mon cœur des excuses aux
plus féroces politiques de 1793. Maintenant je les
comprends ! Quelle bêtise ! Quelle ignorance !
Quelle présomption ! Mes compatriotes me don-
nent l'envie de vomir... Ce peuple mérite d'être
châtié et j'ai peur qu'il le soit [2]. » — Malgré tout,
il revient à l'idée qui lui tient au cœur : « Croyez-
vous que si la France, au lieu d'être gouvernée en
somme par la foule, était au pouvoir des manda-
rins, nous en serions là ? Si, au lieu d'avoir voulu
éclairer les basses classes, on se fût occupé d'ins-

---

1. *Correspondance,* IV, p. 29.
2. *Id.,* IV, pp. 28, 29.

truire les hautes, vous n'auriez pas vu M. de Kératry proposer le pillage du duché de Bade, mesure que le public trouve très juste [1]. »

Il n'est pas moins indigné de la conduite des Allemands : « Ces officiers qui cassent des glaces, en gants blancs, qui savent le sanscrit et qui se ruent sur le champagne, qui vous volent votre montre et vous envoient ensuite leur carte de visite, *cette guerre pour de l'argent*, ces civilisés sauvages me font plus horreur que les cannibales [2]. » — Avec l'invasion allemande, Flaubert a bien vu tout de suite que la guerre entrait dans une phase nouvelle. Elle est devenue une application scientifique et une opération financière. C'est un conseil de banquiers qui tient désormais dans ses mains les destinées de l'Europe, stipendiant les armées, payant les excitations d'une presse à gages, créant, quand il lui plaît, les enthousiasmes et les haines des foules.

Mais il a beau comprendre les dessous odieux de l'entreprise, il se laisse gagner lui-même par l'exaltation patriotique dans ce qu'elle a de plus généreux, il est bientôt à l'unisson de la masse.

---

1. *Correspondance*, t. IV, p. 29.
2. *Id.*, IV, p. 36.

Le voilà qui s'engage comme infirmier à l'Hôtel-Dieu de Rouen, qui s'improvise lieutenant de mobiles, qui rêve de marcher avec son bataillon au secours de Paris. Puis, comme personne ne bouge, il est obligé de ravaler son humiliation, de subir la vue des envahisseurs, de se réfugier à Dieppe, pour ne pas assister à la profanation de son cher Croisset. Alors *le fiel l'étouffe.* Il jure de ne voir aucun Allemand de sa vie ; il n'admet pas « qu'un Français qui se respecte daigne se trouver une minute avec aucun de ces messieurs[1] ». Désormais, il se regarde comme un homme fini : « On ne peut plus écrire, quand on ne s'estime plus[2]. » Encore en mars 1871, quand un peu de calme lui est revenu, il disait à George Sand : « J'ai eu de mauvais moments dans ma vie, j'ai pleuré beaucoup, j'ai ravalé beaucoup d'angoisse. Eh bien ! toutes ces douleurs accumulées ne sont rien en comparaison de celle-là. Et je n'en reviens pas ! Je ne me console pas ! Je n'ai aucune espérance[3]. »

Peu à peu cette crise violente s'apaise. Flaubert,

---

1. *Correspondance,* IV, p, 32.
2. *Id.,* IV, p. 60.
3. *Id.,* IV, p. 32.

comme tout le monde, se met à chercher le remède du mal. D'abord les causes, dont il a une idée très nette : « Voilà où nous a amené la rage de ne pas vouloir la vérité! *L'amour du factice et de la blague* [1] ! » Tout était faux, même les filles : « On les appelait « marquises », de même que les grandes dames se traitaient familièrement de « cochonnettes ». Les filles qui restaient dans la tradition de Sophie Arnould, comme Lagier, faisaient horreur. Et cette fausseté (qui est peut-être une suite du romantisme, prédominance de la passion sur la forme et de l'inspiration sur la règle) s'appliquait surtout dans la manière de juger. On vantait une actrice, non comme actrice, mais comme bonne mère de famille ! On demandait à l'art d'être moral, à la philosophie d'être claire, au vice d'être décent, à la science de se ranger à la portée du peuple [2]. » — « ... à force de mentir on en était devenu idiot. On avait perdu toute notion du bien et du mal, du beau et du laid. Rappelez-vous la critique de ces dernières années. Quelle différence faisait-elle entre le sublime et le ridicule? Quel irrespect! Quelle ignorance ! Quel gâchis ! « Bouilli

---

1. *Correspondance.* IV, p. 46.
2. *Id.*, IV, p. 57.

ou rôti » même chose et en même temps quelle servilité envers l'opinion du jour, le plat à la mode !... Rochefort était considéré comme le premier écrivain du siècle avec Victor Hugo ! »

Après la rage du factice et de la blague, le manque de justice : « Voyez comme on est arrivé à la nier partout. Est-ce que la critique moderne n'a pas abandonné l'art pour l'histoire ! La valeur intrinsèque d'un livre n'est rien dans l'École de Sainte-Beuve, de Taine. On y prend tout en considération, sauf le talent. De là, dans les petits journaux, l'abus de la personnalité, les biographies, les diatribes. Conclusion : irrespect du public... Les romantiques auront de beaux comptes à rendre avec leur sentimentalité immorale. Rappelez-vous une pièce de Victor Hugo dans *la Légende des Siècles*, où un sultan est sauvé parce qu'il a eu pitié d'un cochon : c'est toujours l'histoire du bon larron, béni parce qu'il s'est repenti ! Se repentir est bien, mais ne pas faire le mal est mieux. L'école des réhabilitations nous a amenés à ne voir aucune différence entre un coquin et un honnête homme... On a tellement perdu tout sentiment de la proportion que le conseil de guerre de Versailles traite plus durement Pipe-en-

Bois que M. Courbet. Maroteau est condamné à mort comme Rossel! C'est du vertige [1] ! » Flaubert répète ces mêmes griefs contre George Sand, qui, elle non plus, ne sait pas ce que c'est que la justice : « Ah ! chère bon maître, si vous pouviez haïr ! C'est là ce qui vous a manqué, la haine ! Malgré vos grands yeux de sphinx, vous avez vu le monde à travers une couleur d'or. Elle venait du soleil de votre cœur ; mais tant de ténèbres ont surgi que vous voilà maintenant ne reconnaissant plus les choses. Allons donc ! Criez ! Tonnez ! Prenez votre grande lyre et pincez la corde d'airain : les monstres s'enfuiront. Arrosez-nous avec les gouttes du sang de Thémis blessée [2] ».

Si l'on n'a pas le sentiment de la Justice, c'est que d'ailleurs on ne sait rien. L'injustice est le fruit naturel de l'ignorance : « Si l'on eût été plus éclairé, s'il y avait eu à Paris plus de gens connaissant l'histoire, nous n'aurions subi ni Gambetta, ni la Prusse, ni la Commune. Comment faisaient les catholiques pour conjurer un grand péril ? Ils se signaient en se recommandant à Dieu et aux saints. Nous autres qui sommes avancés,

1. *Correspondance*, IV, pp. 81, 82.
2. *Id.*, IV, p. 75.

nous allons crier : « Vive la République ! » en
évoquant le souvenir de 92 ; et on ne doutait pas
de la réussite, notez-le ! Le Prussien n'existait plus,
on s'embrassait de joie et on se retenait pour ne
pas courir vers les défilés de l'Argonne, où il n'y
a plus de défilés : n'importe, c'est de tradition.
J'ai un ami à Rouen, qui a proposé à un club la
fabrication de *piques* pour lutter contre des chas-
sepots [1] ! »

Flaubert revient donc à son intellectualisme
d'autrefois. Il s'y tient plus que jamais : « Éclairez
le bourgeois d'abord, car il ne sait rien, absolument rien. Tout le rêve de la démocratie est d'éle-
ver le prolétaire au niveau de la bêtise du bourgeois. Le rêve est en partie accompli. Il lit les
mêmes journaux et a les mêmes passions. Les
trois degrés de l'instruction publique ont donné
leurs preuves depuis un an : 1° l'instruction supérieure a fait vaincre la Prusse ; 2° l'instruction secondaire a produit les hommes du 4 septembre ;
3° l'instruction primaire a donné la Commune.
Son ministre de l'instruction publique était le
grand Vallès, qui se vantait de mépriser Homère [2]. »

---

1. *Correspondance,* IV, p. 56.
2. *Id.,* V, p. 80.

★
★ ★

Il est aisé aujourd'hui de plaisanter, là-dessus,
l'extrême candeur du bon Flaubert. Nous ne sommes plus si persuadés de l'excellence du manda-
rinat, ni de l'efficacité de l'enseignement supérieur
pour le relèvement d'un pays, et nous ne sommes
pas sûrs du tout que « les hommes purement intellectuels ont rendu plus de services au genre
humain que tous les saint Vincent de Paul du
monde ».

Mais j'oserai dire que, dans ces passages de sa
Correspondance, nous n'avons pas la vraie pensée
de Flaubert. Ce n'est pas lui qui parle ici, ce sont
ses commensaux des dîners Magny : les Renan,
les Berthelot, les Schérer, les Nefftzer. Cette admiration de l'enseignement supérieur, ce respect
du « mandarin », cela, c'est du Renan tout pur.
Flaubert n'a fait que répéter, avec conviction, ce
qu'il entendait affirmer, autour de lui, avec plus
de conviction encore, par ces doctes et importants
personnages.

Il n'en est pas moins vrai qu'il a indiqué, avec
plus de justesse peut-être que Renan et les autres,

le vrai remède de la défaite : non pas tant un vain intellectualisme que la *connaissance des réalités*. Essayer de voir les choses telles qu'elles sont, n'est-ce pas le principe essentiel de son esthétique? Partout, dans sa *Correspondance*, il dénonce la sottise des politiciens qui se paient de phrases creuses. Enfin, ce qui ressort d'une lecture de ses lettres, c'est que cet anarchiste de tempérament est devenu, au nom de ses théories d'art, un homme d'ordre. Et c'est encore parce qu'il avait profondément le sentiment que toute chose et tout individu doivent être à leur place dans un État bien réglé, comme dans un livre bien construit, qu'il s'est fait en quelque sorte le prédicateur de la justice : non pas la vague justice immanente des sentimentaux et des révolutionnaires, mais celle qui s'adapte aux conditions de la réalité et qui consiste à rendre à chacun selon ses mérites et ses œuvres.

Ces deux idées essentielles, — l'ordre, la justice, dominent toutes les critiques, — souvent excessives ou incomplètes, — qu'il a dirigées contre les mœurs et la politique du xixe siècle. Ajoutons que ce solitaire, ce contemplatif a eu, comme personne, le culte de l'action, voire de l'héroïsme. N'est-ce pas assez pour rapprocher l'enseignement de ses livres de nos préoccupations les plus actuelles et pour lui faire pardonner des paradoxes inconsidérés, — que lui-même, d'ailleurs, a démentis?

IX

LES CARNETS DE GUSTAVE FLAUBERT

Ce que Flaubert a écrit dépasse de beaucoup ce qu'il a publié.

On oublie trop souvent que son existence se partage en deux moitiés très inégales, ce que j'appellerai sa *vie publique* et sa *vie cachée*. Cette dernière fut bien plus féconde et plus considérable que l'autre. Lorsqu'il fit paraître, en 1857, *Madame Bovary*, il y avait plus de vingt ans qu'il noircissait du papier. Vers 1840, il commence, à proprement parler, son métier d'auteur ; il compose avec des velléités intermittentes de publication. Et, jusqu'à son dernier souffle, il a rêvé, pensé, imaginé, ébauché : *travaillé*, comme il le répétait, bien au delà de ce que nous pouvons croire. A côté de l'œuvre qu'il avait sur le chantier, il en a conçu d'autres que nous ignorons. Si absorbé qu'il fût par le travail du moment, il ne cessait pas de méditer, de lire, de critiquer ses lectures, de vagabonder par les chemins de la fantaisie. Ce labeur se résolvait en notes jetées, au fur et à mesure, dans des cahiers ou sur des feuilles volantes.

Reproduire tout le contenu de ces cahiers, — et tout d'un coup, — serait fatiguer inutilement l'attention du public et noyer ce qui est vraiment précieux ou curieux sous un flot d'écritures moins attrayantes. Quand le lecteur aura digéré ce qu'il y a d'intéressant pour tout le monde dans ces amas de feuillets jaunis, on pourra peut-être lui présenter, — par acquit de conscience et pour la beauté de la méthode, — ce qui n'offrait d'intérêt que pour Flaubert lui-même. Et puis, il faut bien laisser quelque chose à faire aux éditeurs de l'avenir.

Rien d'essentiel, je l'espère, ne sera sacrifié. En tout cas, j'ai pris la peine de parcourir ou de lire attentivement ce qui a été mis à ma disposition par la nièce de l'écrivain. Prochainement peut-être quelqu'un étudiera l'œuvre inédite dans son ensemble, le Flaubert de la « vie cachée ». Pour l'instant je voudrais simplement dépouiller ces modestes carnets, où, soit en cours de route, soit dans sa solitude de Croisset, il consignait diligemment le bilan de sa journée intellectuelle.

Ce grand analyseur avait la manie de s'ausculter l'âme : déjà sa *Correspondance*, — si incomplète, — si mutilée, — nous l'aurait appris, au cas où ses romans ne nous en auraient pas fourni d'abord la preuve éclatante. Et non seulement il s'analysait, mais il notait les moindres ébranlements de sa sensibilité, les idées qui lui venaient ou que lui suggéraient les livres des autres, les éclairs les plus fuyants de son imagination, — ou encore les paradoxes, les truculences verbales dont il aimait à étourdir ses interlocuteurs, ou à s'éblouir lui-même. Bien plus : il se plaisait à coucher par écrit de menus faits, des circonstances qui nous paraissent futiles, parce que le sentiment dans lequel il les a notés nous échappe. C'est que nul ne s'est évertué comme lui, selon l'expression de Schopenhauer, à « fixer la roue du temps ». Il ne veut rien perdre de lui-même. Il faut que, dans dix ans, dans quinze ans, lorsqu'il rouvrira son journal, tel mot, tel détail, insignifiant pour d'autres, le remettent dans l'état d'âme où il était aujourd'hui et qu'il aperçoive son existence tout entière dans un perpétuel présent.

Il écrit, par exemple, en tête du manuscrit de *Saint Antoine* : « Commencé le lundi 24 février, à trois heures un quart, *temps de soleil et de vent!* » Ou bien, il jette, à la fin d'un carnet : « Aujourd'hui 12 décembre 1862, anniversaire de ma quarante et unième année, été chez M. de Lesseps porter un exemplaire de *Salammbô* pour le bey de Tunis, — chez Janin, — déjeuner chez Ed. Delessert, — chez H. Berlioz, — au Palais-Royal, m'inscrire chez le Prince, — *acheté deux carcels,* — *reçu une lettre de Bouilhet,* — et m'être mis sérieusement au plan de la première partie de mon roman moderne parisien... ??? »

Heureusement pour nous, les carnets de Flaubert renferment — et en grand nombre, — des confidences moins strictement personnelles. L'un d'eux, daté de 1870, s'intitule : *Expansions.* Un autre, sans date, porte cette épigraphe : *Spira ! Spera !* (Souffle ! Espère !) Les deux rubriques sont également révélatrices : il a déversé, dans ses pages, le trop plein d'émotions et d'idées qui l'assaillaient au cours de ses journées et de ses nuits laborieuses, et, — d'un bout à l'autre, — on y sent circuler le souffle ardent du brasier jamais éteint que fut sa grande intelligence.

A ceux qui nieraient d'avance la valeur de ces notes intimes et qui contesteraient l'utilité de leur publication, je répondrais que, si elles n'ajoutent rien à la gloire de l'artiste, elles nous font mieux connaître l'homme et apprécier plus exactement la fécondité de son imagination et l'étendue de son esprit. Elles démentent victorieusement ceux qui s'obstinent encore à considérer Flaubert comme on ne sait quel cuistre muré dans des besognes de style, — qui vont même jusqu'à douter de son intelligence, ou qui lui reprochent d'avoir manqué de cœur[1].

Voici d'abord des croquis destinés à des romans futurs, ou crayonnés pour le plaisir, des phrases

______

1. Après les *Lettres à sa nièce Caroline,* ce reproche est au moins singulier.

qu'il tenait en réserve, des traits de mœurs contemporaines, des pensées morales ou sociales, des boutades, de l'humour, un peu gros, comme il l'aimait[1].

Notons à ce propos que les papiers de Flaubert contiennent plusieurs plans de romans, des scénarios de féeries ou de comédies.

Un critique allemand, M. Fischer[2], a déjà publié une analyse d'un projet de grand roman, intitulé *la Spirale*. Il conviendrait, que cette analyse fût tirée au clair par un critique français. Cette ébauche semble en valoir la peine.

Quant à moi, j'ai lu, dans un carnet, de nombreuses notes pour un roman intitulé : *Un ménage parisien*. Reste à savoir si ce roman n'est pas le même que Flaubert appelle ailleurs : *Monsieur le Préfet* ou *Sous le Second Empire*. J'ai eu trop peu de temps ce carnet en mains, pour pouvoir trancher la question.

---

1. Bien entendu, nous ne donnons ici qu'un choix de ces notes. C'est aux éditeurs futurs qu'il appartiendra de les publier intégralement,

2. W. Fischer, *Études sur Flaubert inédit*, Julius Zeitler, éditeur, Leipzig, 1908.

Enterrements parisiens. — Enterrement de la fille de Chilly[1]*. Tous les camarades, si affligés qu'ils soient, prennent des poses. Pas une attitude vraie. Les comiques ont une douleur bonhomme, l'attendrissement avachi : « Mon pauvre vieux ! » Les tragiques : « Quel désastre ! »*

La main dans le gilet et la tête au vent, Chilly, dont la face ruisselait de larmes, s'était fait friser les moustaches. — Belot réclame dans les journaux, le lendemain de l'enterrement de sa mère, pour trois célébrités qu'on avait oubliées.

Aujourd'hui, 4 novembre 1862, été à l'église Saint-Martin, à l'enterrement du père de B..., gens de lettres et cabotins. A cette heure que le bonhomme est enterré fraîchement, tous les assistants sont dans les cafés ou avec du fard aux joues, sur les planches des théâtres, à débiter des gaudrioles. J'étais entre les deux Lévy. Devant moi, Théodore de Banville et Maurice Sand ;

---

1. Directeur de l'Odéon.

plus loin, Paulin Ménier et Taillade ; à gauche, de l'autre côté, Sardou et Déjazet fils. Laferrière seul au milieu des chaises, etc.

Il a fallu attendre la fin de deux enterrements. Rien de religieux. Cela se précipite comme des ballots dans une maison de roulage. L'église est éclairée au gaz comme un café, casino catholique. Ca ne sent même plus le jésuite. C'est administratif et chemin de fer. Rien pour le cœur, rien pour la poésie, rien pour la religion. Toute la hideur du monde moderne est là.

C'est peut-être, après tout, une transition pour amener l'effacement complet des funérailles, quelque chose comme une crémation instantanée. On escamotera la mort dans ce qu'elle a de pire. La tendresse humaine y perdra. Un certain lien que l'on sentait (à cause du fil coupé pathétiquement) entre ceux qui ne sont plus et vous. Le drame s'en va de ce monde.

« Comme une armoire à glace ! » Expression *d'admiration (à propos de lutteurs) de M. Rolin-Rossignol, le cornac d'iceux. Il voulait dire for-*

mes carrées et nettes. Mais il y a aussi là dedans un sentiment de luxe et de beauté : la chose riche, hors ligne, — princière.

Phrases écrites sur des cartes de visite, pour féliciter M. Camille Doucet de sa nomination à l'Académie française :

— Heureux ! Oh ! bien heureux !...
— Ma femme et moi nous sommes fous !
— Enfin ! Justice est faite !
— Quel bonheur ! etc.

A propos des pèlerins de Lourdes. — *L'invention des chemins de fer fut mal vue par le clergé, témoin le mandement de l'archevêque de Besançon, Monseigneur Bouvier, qui les considère comme envoyés par Dieu pour punir les hôteliers de la violation du dimanche. Les libres penseurs, au contraire, les ont considérés comme devant favoriser leurs vues, par le rapprochement des peuples, l'effacement des préjugés, etc.*

Et voilà que les chemins de fer servent aux pèlerinages d'une manière imprévue !... (octobre 1872).

*
* *

Règle de conduite. — *Conseiller l'audace aux hommes et la retenue aux femmes, — ce qui est la maxime du monde, — peut-être selon la nature. Mais n'est-ce pas attenter à la délicatesse des uns et à l'intérêt des autres ?*

Qu'importe, pour les premiers, un adultère de plus ? Tandis que le moindre amour peut faire perdre à une femme, si bas qu'elle soit, sa position, sa fortune, sa vie même.

Conclusion : c'est à ces dames à nous faire les avances.

*
* *

Une femme qui, dans sa jeunesse, a été un « type » reste victime du type, il faut qu'elle s'habille ou se coiffe d'une certaine façon ; et, même quand ce genre de coiffure et d'habillement ne va plus à sa personne, il faut qu'elle continue ! De là des extravagances grotesques. Étendre cela au moral.

... Ce je ne sais quoi de borné et d'exaspérant qui fait le fond du caractère féminin.

Les hommes qui aiment beaucoup la femme ne peuvent pas aimer la justice.

Un homme aimé par une femme l'est en même temps par d'autres. Puissance de rayonnement. Théorie de l'amour qu'inspirent les actrices.

Celui qui ne dit pas de mal des femmes ne les aime point, puisque la manière la plus profonde de sentir quelque chose est d'en souffrir.

« Il a une femme et des enfants ! » Honorable excuse à toutes les turpitudes.

Autrefois, à Paris, on croyait que la femme était un moyen d'arriver à une position, on la considérait comme une échelle qui conduisait à la fortune. Autant de maîtresses, autant d'échelons? N'est-ce pas, actuellement, le contraire? Car, pour leur agréer, c'est la Position plus encore que l'Argent qu'il leur faut. Elles couchent avec le Rang, le Renom, l'Entourage social, tout comme font les hommes. Quant au demi-monde, du moins, cela est incontestable.

A mesure que la prostitution des femmes diminue (se modifie ou se cache), celle des hommes s'étend. Le corps peut être moins vénal, soit! Mais l'esprit arrive à une banalité, à une promiscuité sans exemple.

★
★ ★

L'acteur Ravel a créé le genre des amoureux ridicules. Comptez dans combien de pièces, dans combien de livres, l'amour est maintenant ridicu-

lisé, — et plaignez-vous ensuite de la bassesse du théâtre et du roman, sans compter celle de la vie.

Autre face de la question : cet acharnement contre l'adultère est peut-être moral? Pour se sauver des passions, il faut d'abord en rire.

Arrivés à la cinquantaine, les gens d'esprit font sérieusement ce qui les aurait fait pouffer de rire à vingt-cinq.

Ne plus aimer Paris, signe de décadence. Ne pouvoir s'en passer, marque de bêtise.

Les savants se décernent le titre d'écrivains aussi facilement que les poètes s'attribuent celui de penseur.

Il y a, dans toute indignation, une faute de jugement — une envie sourde — et une vertu.

Dans l'adolescence, on aime les autres femmes, parce qu'elles ressemblent plus ou moins à la première ; plus tard, on les aime parce qu'elles diffèrent entre elles.

Proverbe italien : un bon ami est une proie.

Qu'est-ce que la gloire ? Faire dire beaucoup de bêtises sur son compte.

Quel est l'imbécile qui a dit ceci : « Il y a quelqu'un qui a plus d'esprit que Voltaire, c'est tout le monde » ? Pas du tout ! Il y a quelqu'un de plus bête qu'un idiot, c'est tout le monde !

★
★ ★

Puissance des mots. Ignorance française. Après

la perte du Canada, on dit : « Que nous font quelques arpents de neige ! »

Ils étaient peuplés de 2 millions d'habitants et produisaient par an 500 millions !

Une sottise ou une infamie, en se renforçant d'une autre, peut devenir respectable. Collez la peau d'un âne sur un pot de chambre et vous faites un tambour.

Ce qu'il y a de plus imbécile au monde, ce sont les gens dits moyens, la bourgeoisie intellectuelle, de même que les braves gens sont les plus féroces.

La cruauté par sensualité révolte moins que la cruauté qui s'ignore, la cruauté d'idées, de principes. Est-ce parce que la première est un besoin de l'homme dans la plénitude de ses facultés et que la seconde est un vice de son intelligence? L'art peut tirer parti de l'une, il s'écarte de la seconde. On n'idéalisera jamais Robespierre. Néron a été poétique de tout temps.

Pour Marat, la chose serait plus aisée, parce qu'il semble y avoir eu chez lui plus d'emportement d'instinct, de pathos.

*
* *

L'enthousiasme (du Peuple) est d'autant plus fort que l'idée est plus vague. Puissance des mots : « république, honneur, gloire », etc.

*
* *

Le Peuple est une expression de l'humanité plus étroite que l'individu, — et la Foule est tout ce qu'il y a de plus contraire à l'homme.

*
* *

Ce n'est pas contre Dieu que Prométhée, aujourd'hui, devrait se révolter, mais contre le Peuple, dieu-nouveau. Aux vieilles tyrannies sacerdotales, féodales et monarchiques, en a succédé une autre, plus subtile, inextricable, impérieuse et qui, dans quelque temps, ne laissera pas un seul coin de la terre qùi soit libre.

.*.
.   •

Vous ne pressez plus sur mon corps, vous ne me forcez même plus à croire, soit ! Mais où est le progrès du libre arbitre et, partant, celui de la moralité, si, par le seul fait de l'organisation sociale, je suis fatalement contraint à penser comme vous ?

.*.
.

Dans cinquante ans d'ici (1859), il ne sera pas possible de vivre, même de son revenu, sans s'occuper d'argent comme un banquier. Il me semble que, pour l'esprit, cela équivaut à peu près à l'esclavage.

.*.
.

Les affaires ! Importance des affaires !
Tout y cède ! Ça ne souffre aucune objection.
Le plus grand éloge qu'on puisse dire maintenant d'un homme politique, c'est : « Quel homme d'affaires ! »

*
* *

Mon illusion se dissipe,
Car je vois que vous me trompiez :
Vous devriez être tulipe,
Ayant des oignons à vos pieds.

Improvisé par Victor Hugo, chez madame Zimmermann, à propos de madame Doche qui, renversée au fond de sa causeuse, prêtait une attention soutenue à son pied chaussé de satin blanc.

*
* *

A copier (pour la suite de Bouvard et Pécuchet) :

De nos chaumes Gruyère avoúrait les fromages.
Toutefois mon pinceau cherche d'autres images.
L'humanité souffrante a des droits sur mon cœur.

(François de Neufchâteau : Poème des Vosges, récité par l'auteur devant le peuple assemblé, à Épinal, le 1er vendémiaire an V, jour anniversaire de la fondation de la République).

... Il était de ces hommes qui ont les épaules assez larges pour heurter, en passant, les deux linteaux de toutes les portes.

Si tu veux des perles, jette-toi à la mer !

Voici maintenant des « pensées » sur la littérature : ce sont, comme on pouvait s'y attendre, les plus nombreuses. On sera frappé sans doute de ce qu'elles ont, en général, de technique. C'est un homme de métier qui parle, qui essaie de voir clair dans sa propre esthétique ou qui raisonne sur les conditions essentielles de son art. Peu d'artistes ont été aussi conscients que Flaubert.

Pour avoir une idée complète de sa doctrine, il faudrait joindre à ces pensées les nombreuses pages théoriques qu'il a consacrées à la littérature dans sa première *Éducation sentimentale*. Cette œuvre, composée de 1843 à 1845, et qui n'a rien de commun avec l'autre, — absolument rien que le titre, — est, dans sa seconde moitié surtout, une sorte de poème de la vie intellectuelle. Si on la rapproche des notes qui vont suivre, on verra combien la pensée de l'écrivain, d'abord confuse et tumultueuse, s'est clarifiée, précisée et assagie, à mesure que sa réflexion et son expérience s'étendaient et se fortifiaient.

Le véritable écrivain est celui qui, sans sortir d'un même sujet, peut faire, en dix volumes ou en trois pages, une narration, une description, une analyse et un dialogue.

Hors de là, farceurs ou gens de goût : deux catégories médiocres !

La nature n'est belle que pour qui sait la voir : preuve que tout dépend du subjectif.

L'art est la recherche de l'inutile. Il est, dans la spéculation, ce qu'est l'héroïsme dans la morale.

C'est pour cela que les vrais artistes sont ceux où l'art excède.

*
* *

Le don de l'observation ne peut appartenir qu'à un honnête homme. Car, pour voir les choses en elles-mêmes, il faut n'y porter aucun intérêt personnel.

*
* *

L'observation et le trait sont deux qualités qu'il est bien de mépriser, mais qu'il est bon d'avoir.

*
* *

Il faut être assez fort pour pouvoir se griser avec un verre d'eau, — et résister à une bouteille de rhum.

*
* *

La littérature n'est pas une chose abstraite. Elle s'adresse à l'homme tout entier. Tel mot qui vous semble hasardé, tel passage libertin n'est peut-

être coupable que d'agacer vos nerfs. Cela explique la fureur des gens contre certains livres (et les procès de presse !) Ce n'est jamais le fond qui scandalise, mais la forme. Le style, indépendamment de ce qu'il dit, peut avoir des inconvenances en soi. On trouve un certain caractère de débauche aux épithètes violentes, aux situations franches, à la couleur vraie.

La poésie ne sort pas du monde organique, quoi qu'on en dise. (Littérature industrielle, utilitaire, humanitaire, etc., est sans beauté et sans entrailles). Il lui faut une base sensible et une surface plastique.

En ce sens, rien de plus poétique que le vice et le crime. Aussi les livres vertueux sont-ils ennuyeux et faux. Ils méconnaissent la vie, le Moi rejaillissant contre tous (l'homme contre la société ou en dehors d'elle, qui est le vrai Homme !).

Voilà pourquoi il est si difficile de faire rire des vices. Notez que Molière ne s'est attaqué qu'aux ridicules. (Harpagon fait peur, Arnolphe fait pleurer, Tartufe épouvante, etc.) Le ridicule, à la bonne heure ! Chose transitoire, conçue par l'homme, inventée par lui, qui vient de l'esprit et qui y retourne !

Comme personnages vicieux, je ne connais que ceux du marquis de Sade qui me fassent rire. (Et ce n'était pas l'intention de l'auteur, bien au contraire !) Mais ici le crime arrive à être un ridicule. Car la nature est tellement exaltée, poussée à outrance qu'elle devient impossible et disparaît. On n'a plus qu'une conception fantastique donnée pour humaine et en opposition avec l'humanité.

La critique est la dixième Muse, et la bonté, la quatrième Grâce.

Le goût est comme la voix. Souvent il perd en justesse et en ductilité ce qu'il gagne en hauteur.

Quand le goût se raffine, il se pervertit, comme

les femmes qui, trop aimables, deviennent coquettes, — et pires.

Conseil. — *Vous êtes un romantique. Plus vous irez, tâchez de l'être de moins en moins.*

(Conversation de Sainte-Beuve, samedi 17 mars 60, — à propos de Saint-Amant. La phrase était mieux écrite que cela.)

⁂

L'artiste non seulement porte en soi l'humanité, mais il en reproduit l'histoire dans la création de son œuvre. D'abord, du trouble, une vue générale, les aspirations, les éblouissements : époque barbare. Puis l'analyse, le doute, la méthode, la disposition des parties : l'être scientifique. Enfin, il revient à la synthèse première élargie dans l'exécution.

Si l'humanité doit se développer à la manière d'une œuvre conçue par la Providence, elle est loin encore, miséricorde ! de cette troisième phase !

*
* *

L'idée que l'esprit procède du simple au composé explique la nullité poétique du XVIIIe siècle. Et c'est parce qu'il ne sentait pas l'histoire qu'il a formulé cet axiome.

*
* *

M. de Martignac, en septembre 1830, eut à se défendre devant la Chambre d'avoir secouru des gens de lettres pauvres.

*
* *

Si le romantisme de 1830 (Hugo, Lamartine, etc.) n'a pas été plus fécond, c'est qu'il n'est peut-être remonté à la Tradition, à la Renaissance, que superficiellement. Gothique de couleur et catholique par genre, il a dédaigné ou méconnu le naturalisme qui le déborde maintenant (1859), mais qui n'a pas encore son poète ni sa formule.

*
* *

Pour connaître la poétique de Voltaire, voyez, en tête de Sémiramis, la Dissertation sur la tra-

gédie ancienne et moderne, la *Préface* de l'Orphe-
lin de la Chine : « *Les aventures les plus intéres-
santes ne sont rien, quand elles ne peignent pas les
mœurs,* » *l'épître dédicatoire de Tancrède : « Ce
sera (l'alliance de la mise en scène et de la poésie) le partage des génies qui viendront après
nous. J'aurai du moins encouragé ceux qui me
feront oublier.* » *Préface de Mariamne : « C'est
contre mon goût que j'ai mis la mort de Mariamne
en récit, au lieu de la mettre en action. Mais je
n'ai pas voulu combattre en rien le goût du public. C'est pour lui et non pour moi que j'écris.* »

*Dans la préface d'Oreste, il se déclare hardi-
ment pour les types, il ne voulait ni demi-teintes,
ni nuances : « L'amour qui n'est pas furieux est
froid ; et une politique qui n'est pas une ambition
forcenée est plus froide encore.* » *Quant à
l'amour,* « *il n'est pas fait pour la seconde
place* ».

*L'idée, le désir d'un théâtre romantique est
nettement posée dans l'Écossaise. Celle de Nanine
est pleine de contradictions, et il ne conclut pas.
Idée du drame historique dans la préface de
Zaïre. Franchement utilitaire dans la Lettre au
roi de Prusse (Mahomet), admet tous les genres.*

Idéalité de l'art antique.

L'usage des masques montre qu'il ne sortait pas des types.

Julien Fleury, chanoine de Chartres, fut chargé des éditions ad usum Delphini. *Celle d'Apulée est excellente.*

Propriété littéraire. — *Question odieuse (et qui rattache l'art à l'économie politique).*

On peut payer un travail manuel, mais non un intellectuel. Considérer l'œuvre d'art comme une denrée, c'est la mettre au même niveau.

— Mais les services s'échangent contre des services. Donc, je vous paie le plaisir que vous me vendez par votre œuvre.

— Vous ne pouvez pas me la payer. Car j'écris non pour le lecteur d'aujourd'hui, mais pour tous les lecteurs qui pourront venir dans la suite des temps. Ma marchandise ne peut être con-

sommée. Mon service reste donc indéfini et impayable.

★
★ ★

L'art officiel (*histoire de*) comprendrait :

A. — *Un précis de l'art, tel que l'entend la majorité des Français. Comme preuve, critique des grands succès. Puis histoire et exposition de :*

1° L'art gouvernemental ;

2° L'art jésuite ;

3° L'art populaire ;

4° L'art des gens du monde.

Une histoire de l'art jésuitique y rentrerait, celle de l'Académie, de la censure, les discours politiques, les enthousiasmes du Moniteur (tableaux chronologiques). Revue des principaux critiques sur le même homme, ou les mêmes œuvres. L'art socialiste, prêcheur.

B. — *Une histoire des définitions de l'art. Opinions différentes que l'on a eues sur son but. Histoire de la moralité dans l'art, théorie de l'utile, — et de ce qu'elle peut et doit être.*

C. — *Bien montrer partout* la bêtise de l'impulsion (*soit populaire, soit gouvernementale*), *comme contraire au génie des créateurs et au sens même de l'art, qui est l'objectivité, la Représentation.*

***

Le grand roman social à écrire (maintenant que les rangs et les castes sont perdus) doit représenter la lutte ou plutôt la fusion de la barbarie et de la civilisation. La scène doit se passer au désert, et à Paris, en Orient et en Occident. Opposition de mœurs, de paysages et de caractères, tout y serait, — et le héros principal devrait être un barbare qui se civilise près d'un civilisé qui se barbarise.

***

Saint Paul *de Renan* (*sur le style*).

Dédié à sa femme, comme la Vie de Jésus *l'était à sa sœur.*

M. et madame Renan assis sur les blocs disjoints du vieux môle à Séleucie portaient envie aux apôtres qui s'embarquèrent pour la conquête du monde ».

— « *Tout n'est, ici-bas, que symbole et que songe !* » Qu'en savez-vous ?

— « *La compagne fidèle qui ne retire pas sa main de celle qu'elle a une fois serrée.* »

Cette dédicace à deux femmes me paraît caractéristique.

Cette idée-là ne serait pas venue à un homme moins sentimental, plus préoccupé du juste.

A propos des Actes des Apôtres :

« *Une odeur matinale, une brise de mer, si j'ose le dire* »...

« *Si j'ose m'exprimer ainsi* » plusieurs fois répété.

Il y a un fond d'académicien.

Jésus poète.

« *Tantôt il soutenait qu'il était venu continuer la loi de Moïse, tantôt la supplanter (le Christ). A vrai dire, c'était là, pour un grand poète comme lui, un détail insignifiant...* », p. 58.

Béranger a appelé Napoléon « le plus grand poète des temps modernes ». Augier appelle poète

un notaire. *Il faudrait pourtant s'entendre sur
la signification des mots.*

★
★ ★

« *Ils sont des hommes (les Apôtres), tu fus un
dieu...* », *p. 328.*

Évidemment Renan ne croit pas à la divinité
du Christ. C'est donc une manière de parler, un
effet de style !

Comme dans Rousseau : « *Sa mort fut celle
d'un Dieu !* »

★
★ ★

« *La question seulement est de savoir si une
société peut tenir sans une censure des mœurs
privées et si l'avenir ne ramènera pas quelque
chose d'analogue à la discipline ecclésiastique,
que le libéralisme moderne a si jalousement supprimée...* », *p. 393.*

Haine de la liberté, fonds socialiste, manchette
d'évêque qui perce.

★
★ ★

Max Müller, Origine de la religion, *p. 255 :*

« N'attendez pas de la poésie au sens moderne du mot. Ces vieux poètes n'avaient pas le temps de chercher des ornements poétiques, ou de belles, ou de brillantes expressions. Ce qu'ils cherchaient au prix de tous leurs efforts, c'etait l'expression juste de ce qu'ils sentaient. Une expression heureuse était pour eux un véritable soulagement ».

Comme si le poète cherchait des ornements, de belles expressions ! Il fait absolument comme tout le monde et comme le vieil Hindou. Il cherche à rendre ce qu'il sent, et, quand il l'a rendu, il éprouve un véritable soulagement.

Esprit peu patriotique de Paris :
Dans la guerre contre les Anglais, la passion communale l'égare : il fut Bourguignon et Anglais. Au XVIe siècle, guisard et espagnol. La milice des moines, en contact direct avec le peuple, lui donna un esprit démocratique et archicatholique.

(Écrit en 1872, après la Commune.)

Révolution française :

Grand souffle et petits cerveaux : résultat médiocre. Donc l'enthousiasme et l'héroïsme ont besoin, pour accomplir leur œuvre, d'une chose en plus.

Révolution littéraire de 1830 : *Théories très médiocres. Peu de science et peu de hardiesse, quoi qu'on dise. Mais des gens d'esprit ; de véritables vocations (de poètes) : de là, des œuvres.*

L'humanité a fait plus de progrès de 1520 à 1600 que de 1790 à 1870. Le XVIe siècle a eu moins de doctrines que le XIXe.

« *La pauvre Venise.* » C'était Domenico, mon domestique d'hôtel à Constantinople, qui répétait cela.

Moi je dis : « *Pauvre littérature.* » *Car elle me semble, comme la vieille et belle ville des doges, être pleine de mouchards et de soldats. Des bourgeois indifférents viennent examiner ses ruines. Peu à peu, elle s'abîme dans je ne sais quelle universalité morne et infinie. J'entends ses murs tomber dans l'eau et les crapauds sauter contre les fresques qui s'écaillent.*

Il y a aussi, mais en moins grand nombre, — des pensées philosophiques dans les carnets de Flaubert. Ce n'est pas diminuer sa gloire que de reconnaître qu'il n'était guère plus philosophe que Balzac. Les littérateurs diront qu'il était quelque chose de mieux.

Quoi qu'il en soit, il est trop évident que ces pensées n'ont pas pour nous l'intérêt des autres. Nous en avons reproduit quelques-unes parmi celles qui caractérisent les tendances de son esprit. Nous n'avons rien voulu en atténuer ni en dissimuler, puisque nous cherchons, ici, à nous faire une image exacte de l'homme que fut Flaubert. Nul de nos écrivains n'a été plus radicalement sceptique. Par une espèce de point d'honneur intellectuel, il a traîné jusqu'à sa mort le boulet du scepticisme, lui que les élans de son cœur emportaient sans cesse vers les plus audacieuses affir-

mations et déposaient parfois au seuil du mysticisme.

*
* *

L'espoir est un attentat contre la Providence.

*
* *

*Chaque être a une inclination naturelle vers
sa forme.*

Quamlibet formam sequitur aliqua inclinato.

(*Saint Thomas, Somme,* 1re partie, quest. 80.)

*
* *

*« Tout notre plaisir est dans la conscience de
quelque perfection. »*

(Descartes à la princesse Élisabeth.)

*
* *

*L'excès est une preuve d'idéalité : Aller au
delà du besoin.*

*
* *

*Le dogme du Progrès est la réaction du dogme
de la chute :*

Première doctrine : on est de plus en plus perverti.

Deuxième : on l'est de moins en moins.

Liberté de penser : on est heureux avec et sans elle.

La beauté caractérisée par des formes d'animaux. Jupiter se rapproche du lion, Hercule du taureau. Ainsi les anciens avaient l'idéal de la bête.

(Voyez Winckelmann, **De l'essence de l'art.**)

Le dernier refuge, la suprême consolation, c'est de savoir qu'on appartient au Cosmos, qu'on fait partie de l'Ordre.

Les notes intimes de Flaubert se confondent souvent avec ses notes de voyages. Celles-ci fourniraient aisément la matière de deux ou trois volumes.

Pour les unes comme pour les autres, nous avons dû nous borner, ici encore, à reproduire les plus caractéristiques.

Hier, 10 avril (1870), reçu la visite de Taine.

Il ne m'a pas parlé du plébiscite : rara avis !
J'étais tenté de l'embrasser.

L'un n'a-t-il pas sa barque et l'autre sa char-
rue ?

Comme je me suis répété cela depuis dix mois
(1870).

L'idée du suicide est la plus consolante de tou-
tes. Comme rien ne peut plus vous atteindre, une
fois mort, à chaque douleur nouvelle qui vous
saisit, on a par devers soi cette pensée : « Oui,
mais quand je le voudrai, cela ne sera plus. »

Ainsi la vie se passe, lentement.

4 avril, un mardi (1870).

*
**

Le premier (Alfred) m'a quitté pour une femme ; le second (Bouilhet) pour une femme ; le troisième (Ducamp) me quittait pour une femme. Tous, tous.

Suis-je donc un monstre ?

« L'homme absurde est celui qui ne change jamais ! »

C'est moi l'homme absurde.

Pauvre vieux fou, qui porte, à cinquante ans, le dévouement qu'ils avaient (peut-être) à dix-huit.

*
**

Écrit en revenant de Tunis et de la province de Constantine, où Flaubert était allé se documenter pour *Salammbô* (avril-mai 1858) :

... Voilà trois jours passés à peu près exclusivement à dormir. Mon voyage est considérablement reculé, oublié, tout est confus dans ma tête. Je suis comme si je sortais d'un bal masqué de deux mois. Vais-je travailler ? Vais-je m'ennuyer ?

Que toutes les énergies de la nature, que j'ai aspirées, me pénètrent et qu'elles s'exhalent dans mon livre. A moi, puissances de l'émotion plastique. Résurrection du passé, à moi, à moi. Il faut faire, à travers le Beau, vivant et vrai quand même. Pitié pour ma volonté, Dieu des âmes. Donne-moi la Force et l'Espoir...

Nuit du samedi (12 juin) au dimanche 13, minuit.

Nous terminerons par ces lignes, qui sont la plus éloquente préface qu'on puisse inscrire en tête de *Salammbô*, — et qui résument à peu près toute l'esthétique de Flaubert : « A travers le Beau, faire vivant et vrai quand même ! »

Les dernières phrases, dont l'accent est si profondément chrétien, surprendront sans doute. On sera tenté de retourner contre elles la critique que Flaubert lui-même adressait tout à l'heure à Renan et de n'y voir qu'un effet de style, une « façon de parler ». Que c'est étrange, cette invocation au « Dieu des âmes », dans la bouche du sceptique qui écrivit *Bouvard et Pécuchet*, du spinoziste qui conçut la première *Tentation de saint Antoine !*

N'essayons point de scruter les arrière-fonds de sa conscience : c'est le secret des ténèbres pour nous. Mais ce cri si émouvant qui lui échappa durant cette veillée d'armes, avant de se jeter dans un énorme labeur de cinq années, nous révèle mieux que toutes les dissertations combien l'art était, pour lui, une chose sérieuse. A défaut d'un autre idéal, il lui donna tout son cœur.

Être digne de l'art, être un artiste accompli, — c'est cet ardent désir que l'on sent percer à travers toutes les notes éparses que nous avons recueillies. C'est lui qui les vivifie et qui leur prête un sens parfois supérieur à celui des mots rapides où court la pensée de l'auteur. Nous pénétrons ainsi davantage dans l'intimité de son travail et de sa vie d'écrivain. Sans cesse, nous le trouvons aux aguets devant les aspects multiples et changeants de la réalité. Bien loin de se cloîtrer dans son Croisset, il n'est occupé que de ses contemporains, pour en donner une image plus véridique. Il s'observe lui-même, autant et peut-être plus que les autres : c'est ce que nous fera mieux comprendre la première *Éducation sentimentale*, qui n'est guère qu'une autobiographie. Flaubert, dans sa *Correspondance*, s'accuse d'avoir abusé de l'analyse: on jugera qu'il ne se vantait point. Enfin, à toute l'expérience qu'il tirait de lui-même, du spectacle des mœurs et de la pratique des hommes, il a prétendu ajouter celle des livres. Et il a cherché aussi, par l'étude approfondie des maîtres, à perfectionner ses procédés de style. Il lisait continuellement et relisait ses auteurs de prédilection.

Ce fut un bourreau de lecture : ses carnets nous le prouvent une fois de plus, — et surabondamment. Lui-même dressait, de temps en temps, la liste des livres qu'il avait dévorés pendant une saison. Ce sont de véritables catalogues qui rappellent le pantagruélique appétit livresque des héros de Rabelais. En juin 1874, il calcule que depuis le mois d'août 1872, il a lu exactement 309 volumes : soit, environ, un volume tous les deux jours. Et qu'on ne s'imagine pas qu'il se noyait dans le fatras bibliographique ! Si les sujets de ses romans l'obligent à fouiller des bouquins très spéciaux, il ne leur sacrifie pas les lectures substantielles et solides. Parmi des titres extravagants ou strictement techniques, j'en relève d'autres comme ceux-ci : *Les Époques de la nature* de Buffon, *l'Esthétique* de Hégel, la *Dramaturgie de*

Hambourg de Lessing, le *Beaumarchais* de Lo-
ménie, le *Lascaris* de Villemain, ou les *Ennemis
de Voltaire* de Nisard. A côté de cela, ses bré-
viaires assidus : Montaigne, La Bruyère, Montes-
quieu, les tragiques grecs, Aristophane, Virgile surtout, pour qui il avait un culte, sur les vers duquel il
se pâmait, — c'est lui qui le dit, — « comme un
vieux professeur de rhétorique ». Il disait aussi —
et c'était même une de ses phrases favorites —
que « personne ne lit les classiques ». Personne
ne les a lus davantage que lui.

Et ce n'était pas seulement un lettré, c'était un
cerveau encyclopédique. A part Taine et Renan,
je ne vois aucun de ses contemporains qui ait eu
une culture aussi étendue que Flaubert.

FIN

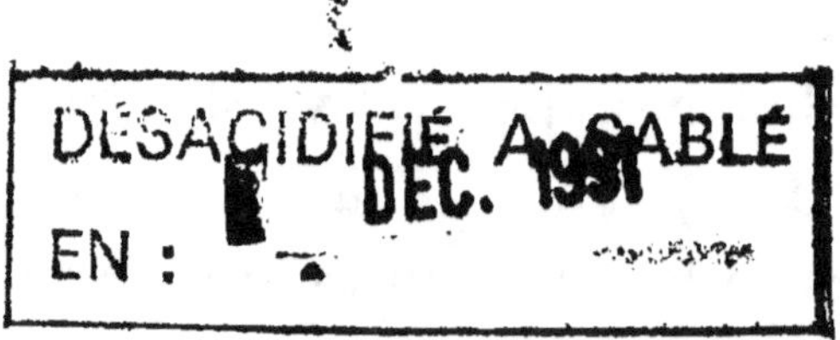

TABLE DES MATIÈRES

Imprimerie Générale de Châtillon-s-Seine. — Euvrard-Pichat.